V

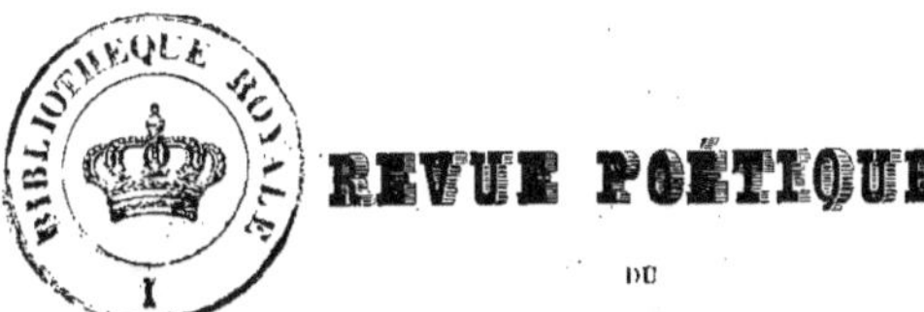

REVUE POÉTIQUE

DU

Salon de 1841

PAR

J.-F. DESTIGNY (de Caen).

DEUXIÈME ANNÉE.

La critique des œuvres d'art est, pour qui la veut faire consciencieuse, une tâche difficile.

Avant d'entreprendre une revue poétique des ouvrages de peinture, sculpture et gravure, admis à l'Exposition, l'auteur ne s'est dissimulé ni les écueils qui l'attendent, ni l'étendue du travail; mais, fort de son indépendance et confiant dans la fécondité de sa verve, il a voulu essayer de rendre par la poésie les inspirations et les grands effets de la peinture.

Il se propose de faire de chaque œuvre admise à l'Exposition une description rapide, mais complète, dans laquelle il traduira, pour l'imagination du lecteur, la pensée de l'artiste. Il se prononcera sur le mérite de la composition, du dessin et de la couleur de chaque tableau, et tâchera d'exprimer son opinion en vers élégants, chaleureux, et toujours appropriés, quant au rhythme, à la nature du sujet.

Typographie SCHNEIDER et LANGRAND, rue d'Erfurth, 1.

Revue Poétique

DU

SALON DE 1841

PAR

J.-F. DESTIGNY (de Caen).

DEUXIÈME ANNÉE.

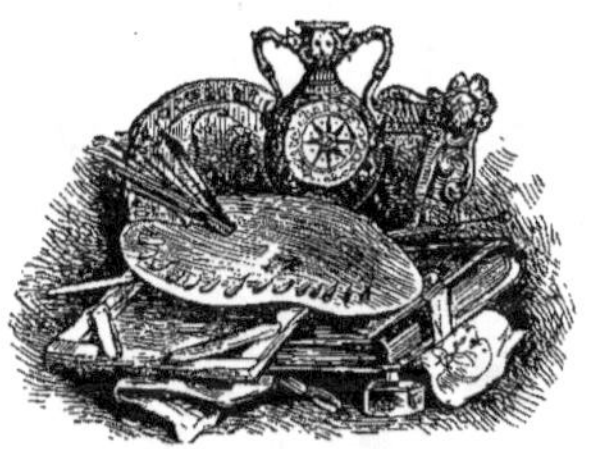

PARIS,
AU BUREAU CENTRAL, RUE DE LA HARPE, 64;
ET CHEZ TOUS LES LIBRAIRES.

1841

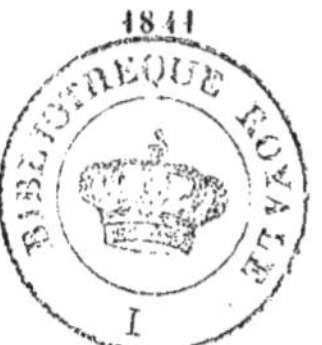

La critique des œuvres d'art devrait être toujours éclairée, sévère et consciencieuse ; mais des considérations d'intérêt ou de coterie, d'amitié ou de haine, aveuglent trop souvent les Aristarques du feuilleton.

La loupe dont ils se servent n'est qu'un prisme qui, tantôt sombre et tantôt riant, est presque toujours mensonger.

Cependant les arrêts de ces prétendus juges sont décisifs ; car la plupart des lecteurs, pour s'éviter la peine de réunir les éléments d'une conviction, acceptent, sans examen, l'opinion toute faite que leur apporte sous bande le facteur de LEUR journal.

Une critique injuste ou complaisante compromet donc à la fois les intérêts de l'artiste et l'avenir des arts.

J'ai vu le mal, et j'ai essayé d'y porter remède.

La[s] Revue poétique du Salon de 1840, écrite avec autant d'impartialité que d'indépendance, a obtenu du public un accueil trop flatteur pour que j'abandonne désormais une tâche qui m'honore.

Un grand nombre d'artistes, parmi lesquels je compte tous ceux que de légitimes succès ont rendusre commandables, m'ont prouvé d'ailleurs, en s'inscrivant d'avance sur la liste de mes souscripteurs, qu'ils avaient apprécié mes premiers efforts, et qu'une critique loyale et franche est la seule qu'ils estiment.

Je veux, dans l'œuvre nouvelle que je commence, me montrer de plus en plus digne d'une si haute confiance.

La Revue poétique du Salon de 1841 sera complète, dégagée de toute prévention systématique, libre de toute influence d'aversion ou de sympathie, progressive, morale et scrupuleusement méditée.

La reproduction des meilleures œuvres de l'Exposition, tant en gravures sur acier qu'en lithographies à une ou à plusieurs teintes, sera confiée à des artistes d'un talent reconnu ; et, pour arriver à une exactitude extrême, tous les dessins en seront faits, soit sur un croquis du peintre lui-même, soit sur une réduction de son œuvre, obtenue au moyen du merveilleux appareil de Daguerre.

Quant au texte, j'ai trop à cœur de rendre durable le succès de ma REVUE pour négliger d'y mettre tout ce que j'ai de verve et d'intelligence.

Parmi les tableaux admis à l'Exposition, il en est un grand nombre sans doute dont le sujet échauffe merveilleusement les inspirations poétiques; mais, il faut le dire, au risque de vous déplaire, Messieurs du Jury, il en est aussi beaucoup qui, bien que jugés bons par vous et quelquefois peints par un des vôtres, ne valent guère la peine qu'on les critique, même en prose; et pourtant, quand on a juré d'être juste, il faut en rendre compte.

Des vers inspirés par de telles œuvres participeraient nécessairement du prosaïsme des pages qui les auraient fait éclore, et, comme certains fruits qui gardent un goût de terroir, cette poésie serait d'une fadeur nauséabonde.

Aussi me suis-je promis, non moins dans mon propre intérêt que dans l'intérêt de mes lecteurs, de descendre de temps en temps de *Pégase*, pour éviter qu'il ne bronche, et de ne traiter en vers que les sujets qui me paraîtront dignes de la *Langue des Dieux*.

Cette modification de mon premier plan me permettra d'introduire, sous forme de *Notes*, au bas de chaque page de ma Revue poétique, des souvenirs, des rapprochements, et des anecdotes quelquefois piquantes. C'est aussi là que trouveront place les renseignements utiles que l'on voudra bien me transmettre, et les réclamations qui me paraîtraient fondées et de nature à intéresser le public.

— En résumé, toute œuvre de quelque importance aura une part dans ma critique, sans que je me préoccupe en rien du nom de l'auteur ; je ne dispenserai le blâme qu'avec bienveillance et les éloges qu'avec réserve.

Voilà tout mon programme, en deux mots ; je ne m'en écarterai pas.

J.-F. DESTIGNY (de Caen).

Paris, le 14 Mars 1841.

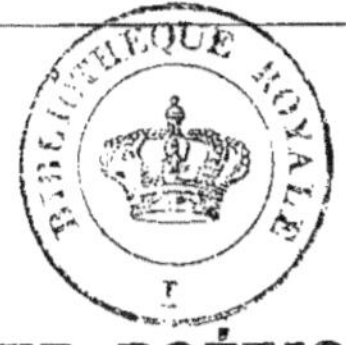

REVUE POÉTIQUE

DU

SALON DE 1841.

PROLOGUE.

Sua cuique.

« Notre âge prosaïque étouffe le génie,
— C'est une vérité qu'on a dite cent fois, —
« La famille des arts est aujourd'hui bannie ;
« Le peintre est sans chaleur, le poëte sans voix.
« De toute œuvre d'esprit les sots se font litière ;
« Du char des parvenus l'égoïsme est l'essieu ;
« Sans priser le travail, on pèse la matière…
« On a mis le Veau d'or à la place de Dieu ! »
— Cet argument est vrai : le siècle est mercantile,
Son oreille n'entend que l'argot du comptoir ;
Ce qui ne se vend pas, à ses yeux, est futile,
Et voilà tout son culte, en deux mots : DOIT, — AVOIR !

Mais toi, qui de ses goûts t'es rendu tributaire,
Famélique troupeau, l'opprobre des beaux-arts,
Toi qui fais du *métier*, pour l'amour d'un *salaire*,
Du règne industriel accepte les hasards.

Vous appartient-il bien de fronder le commerce,
Fabricants de tableaux, impuissants créateurs?
Votre art n'est qu'un trafic, et la main qui l'exerce
Est l'aveugle instrument de froids spéculateurs.
Vous avez les premiers terni votre auréole,
En vendant au rabais vos stériles pinceaux;
A tout l'or que pour vous eût roulé le Pactole,
Vous avez préféré la vase des ruisseaux!
Eh bien! grattez-la donc pour y trouver pâture,
Mais n'imputez qu'à vous le honteux discrédit
Où votre abaissement a jeté la peinture...
Vous avez abdiqué; — le siècle vous maudit.

Certes, si de vos torts tant d'honorables frères,
N'avaient dû supporter le contre-coup fatal,
De votre abjection s'ils n'étaient solidaires,
Ma Muse n'irait pas ébranler votre étal;

Mais, hélas! étouffés dans votre foule avide,
Les artistes de cœur, sous peine de la faim,
N'ont pu, que peu de temps, rester la poche vide:
Ils ont fait des tableaux pour un morceau de pain!
Chacun d'eux a subi le joug de la sottise;
Le bon goût s'est perdu, l'intérêt s'est fait roi;
L'art est, bon gré mal gré, devenu marchandise,
Et, pour l'enchaîner mieux, on prépare une loi!. .

Si le projet nouveau que la Chambre élabore
N'est pas enseveli dans l'urne du scrutin,
Les peintres deviendront plus malheureux encore:
On fera de leurs droits un trafic clandestin.
D'indignes possesseurs, soit haine, soit manie,
Détruiront dans son germe une gloire à venir,
Et l'artiste, encor plein de son propre génie,
Devra même oublier ce qu'il n'a pu finir...
L'oublier pour toujours, de crainte de forfaire;
Car, si rien de pareil sortait de ses pinceaux,
Il serait, sans merci, traité de plagiaire...
Il s'est vendu lui-même en vendant ses tableaux!
— Eh quoi! ce projet-là, sans bruit, comme tant d'autres,
Irait prendre sa date au Bulletin des Lois?

Tel, parmi les votants, aurait assez d'apôtres
Pour usurper ainsi d'incontestables droits ?
Oh ! non, non, de par Dieu ! si les dupes se lassent,
Tous les textes d'ailleurs deviennent impuissants.
Il est certains abus que les artistes passent,
Mais souffrent-ils jamais qu'on les fasse artisans?..

L'Institut, ce jaloux, qui, traînant ses béquilles,
A tout nouveau rival veut couper les jarrets,
Le jury grelottant sous sa gloire en guenilles,
Rend au Louvre, dit-on, d'incroyables arrêts.
De ses derniers travaux on se promet merveille :
Des experts ont classé tous les envois par tas...
C'est un pas vers le mieux ; mais ce qu'on dit la veille,
Souvent, le lendemain, ne se confirme pas.
Renvoyons, pour juger, cette cause à huitaine !
— Un dernier mot pourtant à ces hommes de choix,
En qui chacun plaçait une espérance vaine,
Et qui doivent aux arts le secours de leur voix :
Dites, DAVID, VERNET, DROLLING et DELAROCHE,
Est-il vrai qu'enfin las de n'en rien obtenir,
Et vous croyant, sans doute, à l'abri du reproche,
Vous laissiez l'Institut gaspiller l'avenir ?

Est-il vrai que souvent, et faute d'UN suffrage,
Le mérite soit, là, frappé d'exclusion ;
Que, faute d'un *veto*, plus d'un stupide ouvrage
Dans le palais du Louvre ait fait invasion?...
Si le fait est réel, votre absence est blâmable ;
Votre titre, Messieurs, vous impose un devoir.
Peut-être vous avez, par ce déni coupable,
D'un talent méconnu causé le désespoir!...

— Vous, qui de l'œuvre admise avez choisi la place,
DE CAILLEUX et GRANET, que vous êtes maudits!
Chacun de vous toujours, quoi qu'il tente ou qu'il fasse,
Est en butte aux assauts des grands et des petits.
Si le dernier rebut des toiles qu'on expose
N'obtient pas, au Salon, d'honorables succès,
Au dire des auteurs, vous en êtes la cause...
On n'impute qu'à vous la perte du procès.
Tout artiste en défaut à vos dépens s'excuse ;
Brille-t-il par vos soins, au fond, il est ravi,
Mais comment l'avouer?.. son orgueil s'y refuse...
Pas un ne conviendra que vous l'ayez servi.
— Si j'erre sur ce point, Exposants, qu'on le dise!
Mon but, certes, n'est pas d'exagérer vos torts;

Mais, ici comme ailleurs, mon altière franchise
Est un coursier fougueux qui n'admet pas de mors.
– Cela dit, poursuivons la tâche commencée!
L'artiste qui se plaint a parfois ses travers,
Mais de quel droit telle œuvre est-elle mieux placée
Que les meilleurs tableaux dont ces murs sont couverts?
Souvent la faveur pousse à d'étranges bévues.
En dix-huit cent quarante, on avait pris, je crois,
Les plus sales horreurs que l'œil eût jamais vues,
Pour les mettre au grand jour, à la place de choix !
La pudeur interdit de telles préférences.
Ne compromettez pas vos pouvoirs absolus;
Pesez les droits de tous dans les mêmes balances,
Les malédictions ne vous atteindront plus !

— On prodigue la croix, on jette la médaille,
Comme on sème de l'orge aux coqs de basse-cour;
Chacun trouve, au Salon, de la gloire à sa taille,
Du dernier des rapins bientôt viendra le tour.
Aussi voyez comment le partage s'opère!
On décerne, à huis clos, de minces pièces d'or
Que tel ou tel, plus tard, vous glisse avec mystère,
Comme un dragon qui craint d'éventer son trésor!

De cet honneur banal dont on vous trouva dignes,
S'il vous plaît d'informer Paris et les faubourgs,
Vous irez du *Corsaire* acheter quatre lignes,
Ou mettre un pan d'affiche au coin des carrefours...
Ce mode n'est-il pas riche de poésie?
— Mécènes de boutique, ordonnateurs bâtards,
Que c'est bien dans le goût de votre bourgeoisie
D'outrager à ce point la dignité des arts!

Toute émulation est, grâce à vous, éteinte;
Vous nous rapetissez jusqu'à votre niveau!
Depuis que notre verve a subi votre atteinte,
Elle n'enfante rien ni de grand ni de beau!
Avez-vous donc juré d'étouffer le génie?
Votre talon de fer nous écrase le front!
Un système pareil met l'art à l'agonie;
Votre sceptre est un knout, votre règne un affront!

Ne nous rendra-t-on pas ce glorieux prestige
Que dix ans d'abandon n'ont pas encor détruit?
Laissera-t-on la fleur se faner sur la tige,
Et la branche tomber sans qu'il en reste un fruit?

Oh! ne le croyez pas!... avec une étincelle.
Un souffle peut souvent rallumer le flambeau.
Qu'on le veuille, et demain la clarté la plus belle
Jaillira du foyer qu'on tient sous le boisseau!

Quant à moi, qui reviens embrasser une tâche
Où cent difficultés se dressent à la fois,
Je te jure, LECTEUR, de lutter sans relâche,
Si tu prêtes l'oreille à ma sincère voix.
Je déclare à l'abus une guerre incessante,
Et rien, rien ne pourra le soustraire à mes coups!
J'ai déjà parcouru cette arène glissante
En restant, tu le sais, équitable pour tous;
Eh bien! je veux garder le même caractère!
Ma devise constante est : MORALE et PROGRÈS!
Nul contrat ne m'enchaîne et rien ne me fait taire...
— Lis enfin, et surtout ne prononce qu'après!

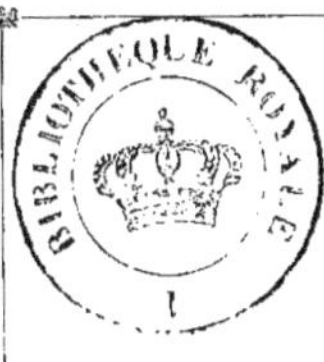

REVUE POÉTIQUE.

LE JURY ET M. AGUADO.

Vous n'êtes pas, Messieurs, quoi qu'au Louvre on en dise,
Du destin des beaux-arts les maîtres absolus;
Quand vous avez jugé, la Critique révise :
Vos arrêts sont puissants, mais les nôtres sont lus...
Le public entre nous sera juge suprême.
— Eh bien ! dignes experts d'un siècle de maçons,
Pour vous convaincre ici d'aveuglement extrême,
Un seul fait en vaudra mille que nous passons.

Un jour, — j'en donnerais heure et date précises, —
Le Jury, déjà las d'éplucher des tableaux,
Installait, en grognant, ses dernières assises;
Une toile apparaît... C'est un *Camp de Chameaux*.

Ton œuvre, COUVELEY, ta page préférée,
Celle que, chez Gudin, le plus vrai des amis,
Cent amateurs d'élite avaient tant admirée,
Ton bijou d'Orient, — ils ne l'ont pas admis!
Puissance, vérité, chaleureuse nature,
Tout ce qui fait le beau passait là devant eux;
Mais ils n'ont pas daigné regarder la peinture!...
— Vous dirai-je les noms du tribunal boiteux?
A quoi bon?... du méfait ils sont tous solidaires;
Absents comme présents ont trahi leur devoir.
— ARCHITECTES de cour, GRAVEURS et STATUAIRES, —
Voilà dans quelles mains reposait le pouvoir!
TROIS peintres [1], pour gagner un jeton de présence,
Octroyaient, dédaigneux, quelques regards distraits....
Ils n'ont pas protesté!... — Jugez d'une séance
Où l'on dut rendre ainsi des centaines d'arrêts!

Un Mécène venu de l'antique Ibérie,
L'opulent AGUADO va réparer ce tort;
Il veut que de ces gens la sentence flétrie
Devienne pour l'artiste, au lieu d'écueil, un port.

[1] MM. GARNIER, âgé de quatre-vingt-deux ans; BIDAULT, quatre-vingts ans, et PICOT, cinquante-cinq ans.

Cette œuvre qu'on refuse, il l'achète et l'expose
Dans le salon d'honneur de son brillant hôtel!
Du talent qu'on proscrit il embrasse la cause
Et jette au vandalisme un généreux cartel!...
— C'est bien, noble Espagnol, cet acte vous honore!
Au mérite incompris aplanir les chemins,
C'est, aux yeux des Français, vous ennoblir encore...
Tous les hommes de cœur vont vous battre des mains!

Au salon qu'on nous fait rendons pourtant hommage;
Il vaut bien, après tout, les salons d'autrefois!
Malgré l'exclusion de mainte et mainte page,
On ne peut critiquer tout l'ensemble des choix.
Mille exposants nouveaux sont venus prendre place
Dans les rangs éclaircis par la désertion;
Maîtres récalcitrants, sur votre absence on passe
Dès qu'on trouve où porter son admiration.
La secte des *Boudeurs* et des *Retardataires*
Doit craindre de tomber dans un funeste oubli;
Toute gloire s'éteint; les nuits sont délétères;
Un grand nom ne doit pas rester enseveli.
— Mais, que dis-je, mon Dieu!... dans les flancs de ce Louvre,
Où tout est pêle-mêle, entassé, confondu,

Se peut-il que jamais un étranger découvre
Tel peintre à qui, sans doute, un sourire était dû?...

— MARILHAT, qu'ont-ils fait de ta chaude *Syrie?*
Dans quel coin, BOUTERWECK, a-t-on mis *Rébecca?*
Vos chefs-d'œuvre sont-ils dans cette galerie?
Pendent-ils à ce clou que l'expert indiqua?
Non, je les aperçois près des sombres travées,
Que l'espiègle rapin nomme *Nécropolis;*
Et vos places, à vous... on les a réservées
Aux tableaux de REVOIL et de madame EMPIS!

Ary SCHEFFER, DECAMPS, VERNET et DELAROCHE,
INGRES, et toi DAVID, oui, vous avez raison!
De vos refus, à tort, on vous a fait reproche;
Votre atelier, du moins, n'est pas une prison!
Vos œuvres ont, chez vous, la place et la lumière
Dont la faveur, ici, dépouille le bon droit...
Au Louvre, DE CAILLEUX ordonne à sa manière;
On met la *croûte* en face et le chef-d'œuvre au toit!...

TABLEAUX D'HISTOIRE.

I.

Voici de l'art fougueux dont la puissance intime
Ne se produit à l'œil qu'après mûr examen;
De l'horrible et du beau c'est l'incroyable hymen;
Dans cette œuvre l'atroce est voisin du sublime.
Jamais élan de verve, éclat de passion,
N'avait poussé si loin dans le dévergondage...
L'artiste a dépensé, pour cette grande page,
Toute son exaltation.

Là, ni règles ni frein, car Delacroix méprise
Tout ce qui met la forme au service du fond ;
Veut-il être correct? bientôt il se morfond....
L'entrave qui le blesse, il l'évite ou la brise.
Ardent lorsqu'il conçoit, inhabile au métier,
Sa richesse d'esprit l'entraîne ou le déborde...
Chez lui, l'arc est trop fort pour céder à la corde ;
Le daim bondit hors du sentier.

— Voyez *Constantinople* au pouvoir de nos armes!
BAUDOUIN, comte de Flandre, en fouille les palais.
Des vieillards à genoux et des femmes en larmes
Implorent, à grands cris, la pitié des Français.
Traqués par nos soldats dans leur dernier asile,
Tous les chefs des vaincus, les puissants de la ville,
Les princes, les guerriers se rendent à merci...
— Ce poignant épisode est magique d'entente,
La scène tout entière est large et palpitante;
Le drame enfin bouillonne ici.

Dieux! que dans son effroi cette femme tordue
Révèle de talent, d'intelligence et d'art!
Que cette autre qui, là, s'agenouille, éperdue,
Intercède avec feu pour elle et ce vieillard!
Voyez-vous ce coursier qui, l'oreille baissée,
Les interroge tous de l'œil et des naseaux?
Voyez-vous ces remparts, ces colonnes, ces eaux,
Et tout cet infini qu'arpente la pensée?...
Lecteurs, convenez-en, cette œuvre-là, je crois,
N'est pas le jet criard d'une verve en délire...
Il est tant de beautés que notre âme peut lire
Sous les défauts de DELACROIX!

— Son *Naufrage* est surtout d'une puissante audace :
Jamais cette action, mise à nu sous les yeu, x
Avec un dessin pur, n'aurait obtenu grâce,
L'intérêt n'aurait pas effacé l'odieux.
— Ces hommes dont la faim déchire les entrailles
Se préparent ici d'atroces funérailles;
L'estomac des vivants doit de la chair d'un mort
Se faire, sans retard, une horrible pâture!
Et l'artiste a choisi, pour l'écrire en peinture,
L'instant où chacun d'eux va défier le sort!..

Ces tableaux sont, pour moi, d'une chaude énergie;
DELACROIX est vraiment le roi de la couleur!
Mais l'inspiration n'est-elle qu'une orgie?
Le beau n'a-t-il donc plus ni culte ni valeur?...

II.

Ton chef-d'œuvre, GALLAIT, repose notre vue.
Cet aspect solennel, ces tons harmonieux,
Tous ces nobles acteurs que l'œil passe en revue,
Le théâtre à la fois brillant et spacieux

Où ton pinceau déroule un grand fait de l'histoire.
Tout dans ce cadre immense est d'un talent notoire :
Tout accuse le maître, et se porte garant
Du plus riche avenir que l'on rêve à ton âge!
Vers l'immortalité tu vas de page en page
Marcher à pas de conquérant!

— Charles-Quint, fatigué du poids de sa couronne.
A convoqué chez lui tous les grands de l'État;
Philippe-Deux reçoit le sceptre qu'il lui donne,
Au milieu des splendeurs d'un pompeux apparat...
— C'était là, pour le peintre, un sujet grandiose:
Mais réfléchit-on bien à tout ce qu'il impose?
Qu'il faut de majesté dans un tableau pareil!
Le drame est sur le trône et la cour est en scène...
C'est une œuvre à noyer l'intelligence humaine,
Un luxe comparable aux rayons du soleil!

Gallait, fort de sa verve, a gravi sans relâche
Jusqu'aux sommets ardus qu'il occupe aujourd'hui:
L'artiste a vu la fin de cette grande tâche
Qu'au départ on disait accablante pour lui.

Les faits ont, de tous points, dépassé l'espérance...
Les plus minces détails attestent sa puissance.
La figure de Jeanne est d'un art si vivant,
Qu'on s'attend à la voir se dresser dans la toile!
Tout ce monde respire... On sent trembler ce voile,
Sous le moindre souffle du vent!

L'excellente couleur! Elle tient du prodige!
Le fini du travail est d'un merveilleux soin!
L'art a, dans ce tableau, prodigué le prestige;
On n'a jamais poussé l'illusion plus loin!

III.

Tes pages sont, Alaux, scrupuleusement peintes.
Non content de produire un effet sans égal,
Ta science s'est dit, en peuplant ces enceintes :
— « Faisons de chaque toile un vrai procès-verbal! »
Et, sans sacrifier à tant d'exactitude
L'impérieuse loi des tons harmonieux,
Ta brosse a toujours su poétiser l'étude;
Elle a dans le *correct* trouvé le *gracieux!*

— Rien n'égale, au Salon, ce *Conseil des Notables*
Que vient de convoquer Henri-le-Béarnais ;
C'est le plus beau tableau qu'Alaux ait fait jamais ;
Tous ces types divers semblent inimitables.
Ici la perspective a tant de profondeur,
Que, sous l'œil désireux d'en saisir la surface,
La scène s'élargit et la toile s'efface...
Tout, dans cette œuvre, porte un cachet de grandeur.

— Des *États-Généraux* qu'assembla Louis-Treize
Nous retrouvons, plus loin, l'aspect éblouissant.
Sur ces gradins serrés la foule est moins à l'aise,
Mais que de ce grand tout l'effet est saisissant !
Ces quatre chevaliers, en hoqueton de soie,
Se détachent si bien de ces fins clairs-obscurs ;
Il semble que sur eux la lumière poudroie...
Ces types sont si beaux, ces contours sont si purs !

Admirez un instant ces doubles galeries,
Qui s'attachent aux murs, comme des pampres d'or ;
On y voit, par bouquets, des toilettes fleuries,
Qu'un reflet de soleil rend plus belles encor !

Dites ? que pensez-vous de ces grappes de femmes
Qui courent en festons sur ces hautes parois ? ..
Le peintre l'a senti ; l'affluence des dames
Ne peut que rehausser la majesté des rois !

— Le troisième fleuron de ta belle couronne
Est, à mes yeux, **Alaux**, moins pur qu'étincelant :
Philippe de Valois est œuvre de talent,
Mais l'art a mal servi sa royale personne...
— L'auteur était, je crois, trop pressé d'en finir.
Pour châtier des torts qu'ici notre œil découvre.
Le jury l'attendait dans la salle du Louvre...
Il a préféré s'abstenir.

IV.

O toi, dont le pinceau sera cher à la France,
Homme chaud à la fois et de verve et de cœur ;
Toi, qui fais le vaincu plus grand que le vainqueur,
Toi, dont la page vaut mille cris de vengeance ;
Enfin, toi, qui nous rends orgueilleux d'un revers,
Accepte, **Leullier**, le tribut de mes vers !

Quant à vous, qui tremblez au mot de RÉPUBLIQUE,
Regardez ces débris qu'envahissent les flots!
Voyez, devant la Mort, l'attitude héroïque
De ces républicains, soldats et matelots;
C'est ainsi que des *gueux*, dans leur idolâtrie,
Défendent, pied à pied, jusqu'au dernier haillon,
Quelques mètres d'un sol qu'ils appellent patrie!...
Le peuple, lui, comprend l'honneur d'un pavillon.

Le *Vengeur* n'est déjà qu'un cadavre difforme.
Tout éventré par l'ennemi;
Chaque boulet anglais fait une entaille énorme
Dans ses flancs, noyés à demi!

Depuis longtemps rasé par l'épaisse mitraille
Que lui vomissent trois vaisseaux,
Il a, seul contre tous, soutenu la bataille,
Mais ses canons sont sous les eaux!

La mer poursuit toujours son horrible conquête:
Le flot retombe à plein sabord;

On ne voit plus du pont surnager que la tête,
Quand ce grand cri s'élève à bord :

« VIVE LA FRANCE, ENFANTS !. . VIVE LA RÉPUBLIQUE !!!... »
— Et là, debout sur son vaisseau,
L'équipage, en poussant ce cri patriotique,
Descend, joyeux, dans le tombeau !...

— Ce drame est à l'étroit, la bordure le gêne,
Et l'action pourtant ne s'en ralentit pas.
L'œil suit le tourbillon de cette ardente scène,
L'oreille en croit souvent surprendre le fracas;
Tout, au premier coup d'œil, s'anime dans la toile;
On sent tomber cet homme entraîné dans sa voile;
On partage avec lui son impuissant courroux
Jusqu'à tendre les poings au front de l'Angleterre;
Et l'on pleure, en criant : « Si Guizot laissait faire,
« Londres demain serait à nous! »

Cet exemple magique électrise ton âme;
Un légitime orgueil rallume alors ton sang,

Oui, Peuple, tu rougis de passer pour infâme,
Toi, qui, naguère encore, étais roi tout-puissant!
A l'aspect des lambeaux d'une richesse éparse.
Tu songes que tu fus prince des nations,
Et tu restes honteux d'être aujourd'hui comparse
De misérables histrions!

La couleur de ce drame est chaleureuse et vraie:
Le tillac tout jonché de mourants et de morts
N'offre pas un soldat que le trépas effraie:
Mais tous font, à l'envi, de sublimes efforts
Pour que rien du *Vengeur* n'échappe à son naufrage!
Un des pavillons reste... on craint qu'il ne surnage,
Un marin s'en affuble et s'élance à la mer!
Puis à l'heure suprême, on s'embrasse, on se presse,
Et la fraternité trouve de la tendresse
Dans ces poitrines bronze et fer!...

Oh! l'artiste a du cœur; sa page me l'atteste;
Il a du sang français jusqu'au bout de ses doigts...
Mais voilà son tribut... Riches à vous le reste!
— *Advienne que pourra, Maître, fais ce que dois!*

Cet éclatant brevet manquait à votre gloire,
Et, sans contredit, l'œuvre est digne de l'histoire;
C'est plus qu'un grand tableau, c'est tout un monument...
Porte-le, DE CAILLEUX, au palais de Versailles!...
Si la mer a leurs os dans ses vastes entrailles,
Dispute leur mémoire au vorace élément!

V.

L'Océan, pris de fièvre, exerce des ravages
Plus terribles souvent que la guerre et le feu...
Quand l'homme est sur des mers sans fond et sans rivages,
Il est près de se voir face à face avec Dieu!

LATIL a su tirer de sa palette austère
Un sujet à la fois poétique et savant.
— Il jette sur les flots une fille et son père,
Tous deux à la merci de l'orage et du vent;
La tempête a bientôt déchiré le navire
Qui portait, loin de nous, ces nobles passagers;
Ils s'emparent d'un mât quand la barque chavire,
Et les voilà sur des rochers!

— « Béni soit Dieu ! ma fille échappe à la tourmente ! »
Se dit tout bas le père, en cherchant à l'asseoir.
Il se penche... Elle est morte ! — et la tempête augmente...
Il est seul désormais avec son désespoir !...
Un cadavre de femme est gîsant sur la Grêve...
Il se bleuit déja sous le contact de l'air,
Et ce père exalté caresse encor son rêve...
Il croit qu'*Anna* se berce au roulis de la mer !

— « Enfant, réponds de grâce à ma voix paternelle !
« Écoute mes sanglots !... tressaille à mes accents !... »
— Le père appelle et pleure... Et dans l'ombre éternelle
Anna, la belle Anna vient d'engloutir seize ans !

— Le peintre a prodigué son art et sa science
A ce dernier enfant de ses mâles pinceaux :
Il a poli ce torse et tourmenté ces eaux
Avec un zèle ardent et plein de conscience !...
— Il n'est pas de nos jours talent si riche en droits
Qui n'ait, par quelque intrigue, obtenu de la gloire...
Et lui, depuis sept ans, — on peut ici m'en croire, —
N'obtint ni commandes, ni croix.

LATIL a cependant d'irrécusables titres
Pour quiconque met l'âme au-dessus du métier;
Mais qu'importe à ces gens qui sont, hélas! arbitres
Des œuvres qu'on expose et de l'art tout entier...

Qu'importent la science et les travaux d'étude?
A-t-on pour le progrès montré quelque ferveur;
Veut-on sauver les arts de leur décrépitude?
On s'aliène la faveur!...

VI.

Saint Louis, — si j'en crois la notice d'ARSENNE,
Refusant de passer sous le dais du saint lieu,
Répondit aux flatteurs de sa puissance humaine :
« Des hommages pareils ne s'adressent qu'à Dieu! »
— La scène est prise au bas de la plage d'Hyères;
Notables et Clergé, pavillons et bannières,
Un immense concours de peuple et de soldats,
Un cortége brillant et des milliers de têtes,
Enfin tout l'appareil et tout le bruit des fêtes...
ARSENNE a mis de tout là-bas.

Cette œuvre, qui annonce dans son auteur d'assez fortes études, manque cependant de certaines qualités essentielles pour un tableau. Ces mille figures, dont on n'aperçoit que les fronts alignés et serrés, forment un ensemble compacte où l'air ne circule pas, et dont le niveau n'est dépassé, à droite et à gauche, que par un dais, — l'accessoire indispensable, — et par quelques bannières lourdes et confusément groupées.

Le saint Louis n'a pas toute la noblesse que demandait ce personnage, et le mouvement qu'il fait, en refusant les honneurs qu'on lui prépare, manque surtout de dignité.

L'artiste n'a rien mis dans les traits du saint Roi qui exprime cette humilité que la tradition lui prête; et l'on trouve dans son geste plus d'affectation théâtrale que de pieuse modestie.

Les étoffes sont métalliques et cassantes; le peintre, en voulant les draper, ne les a que péniblement tourmentées. La chasuble ressemble à une feuille de tôle qu'un vent violent aurait tordue.

Ce page enfin, qui, au premier plan, se baisse pour faire rentrer à son pied la chaussure qui s'en échappe, non-seulement nuit à l'ensemble de la composition, mais encore il dénote dans le peintre une fausse intelligence de l'art majestueux, et une ignorance complète des lois du bon goût. C'est une figure qui fait tache sur cette toile; et le meilleur conseil que l'on puisse donner à l'artiste, c'est de la supprimer avant d'envoyer son tableau dans la ville qui l'attend.

VII.

Ici BLONDEL nous reporte en juillet 1191. — *Philippe-Auguste* et *Richard Cœur-de-Lion* viennent de se rendre maîtres de *Ptolémaïs.* La garnison musulmane passe désarmée devant les Croisés rangés en bataille; mais (au dire du Livret) la fierté qui brille dans le regard de ces hommes intrépides prouve assez que la défaite ne les a point abattus.

Les deux bannières de France et d'Angleterre flottent sur les plus hautes tours de la ville démantelée.

A gauche, dans un groupe de chevaliers bardés d'acier, Richard, à cheval, l'épée nue au poing, et, à droite, Philippe-Auguste, la couronne en tête et le sceptre en main, environné de prélats et d'hommes d'armes, président au défilé des vaincus.

— Le Roi de France est roide sur son cheval blanc, comme un mannequin affourché sur un tréteau, et Richard me rappelle un de ces guerriers que Franconi plaçait à l'entrée des coulisses, pour figurer l'état-major, dans je ne sais quel drame militaire.

La foule des Sarrasins est un troupeau de comparses, et rien de plus. Les personnages qui la composent grimacent bien l'énergie; mais chaque tête n'a d'expression que l'expression factice du *modèle*. Une seule figure mérite quelque attention; c'est celle de cet émir en burnou blanc, qu'on aperçoit au premier plan, presqu'au centre de la toile.

Il faut convenir pourtant que ce tableau, quelque froid, quelque inanimé qu'il paraisse, n'est pas une œuvre sans mérite; le dessin en est pur et la couleur assez bonne, sauf un peu de mollesse dans le ton glaiseux de ces tours et de ces murailles.

Quant à la perspective, elle a si peu de profondeur, que les premiers plans de gauche semblent étouffés entre la saillie de la bordure et l'enceinte de la ville.

VIII.

Le tableau de SCHNETZ, le nouveau chef de notre école de Rome, est, sans contredit, la plus mauvaise page d'histoire de toute l'Exposition. C'est un assemblage de figures qui n'ont entre elles aucun lien d'intérêt, et qui sont trop grandes de moitié, comparativement aux proportions suivies dans tout ce qui compose le fond, terrains et rochers.

Ce hideux charbonnier, qu'on nous donne pour un *Pierre l'Ermite*, est monté sur un tertre, où, gesticulant de ses bras comme un convulsionnaire, il prêche un dernier assaut, tandis que les Croisés, pour ranimer leur foi découragée, font *une procession autour de Jérusalem*, la veille de la prise de cette ville — (*14 juillet* 1099). — Jamais énergumène exalté ne se débattit mieux en chaire, et pourtant pas un de ces pieux chevaliers ne paraît ému de son éloquence, pas un ne prête l'oreille à sa fougueuse déclamation. Les regards sont distraits, les physionomies muettes, les bras paralysés, les corps sans mouvement et sans vie. Ce prélat, grotesquement affublé d'ornements pontificaux, n'est que le portrait grossier de quelque saint de bois d'une église de village. Ces guerriers ne sont que d'impuissants automates, amoncelés sans art, incapables de se comprendre et d'agir, isolés dans la foule, immobiles en tous temps et ridicules à voir.

Voilà l'œuvre d'un *Maitre* qui tient entre ses mains tant de talents en germe, tant d'artistes choisis, qu'une habile direction peut rendre immortels, et qu'une maladroite influence peut abâtardir pour jamais !

Avouez, Messieurs de l'Institut, qu'en présence de tels faits nos craintes sont légitimes.

IX.

La *Levée du siége de Rhodes* (le 19 août 1480) serait une page digne des plus grands éloges, si ODIER, son auteur, n'avait éparpillé l'action entre des groupes distincts qui se disputent l'un à l'autre l'attention du spectateur et nuisent à l'intérêt de l'ensemble.

Voyez! — A gauche, une procession de moines fait le tour de la ville dont *Misach Paléologue* vient enfin de lever le siége.

L'artiste a mis de ce côté, sur le premier plan, d'excellentes figures, pleines de dignité, de recueillement et de ferveur.

— Au centre, *Pierre d'Aubusson*, appuyé sur sa longue épée, tandis qu'un religieux panse sa blessure, est entouré de moines, de pages et de guerriers. Un porte-drapeau soutient son étendard déchiré dont la conservation lui a coûté bien du sang, ce qu'atteste le bandeau qui lui ceint le front.

Le Grand Maître a dans la pose un peu de roideur qui

rappelle le mannequin, mais le personnage qui lui donne des soins est riche de sentiment et de vie.

— A droite, enfin, un soldat harangue ses camarades et leur montre la croix, ce signe qui les a sauvés tous.

Voilà donc trois groupes complétement isolés les uns des autres, trois épisodes différents sur une même page.

Indépendamment de ce défaut d'unité, dans une scène qui pouvait être si dramatique, nous reprocherons encore à M. Odier le peu de respect que témoignent les chevaliers, au passage de la procession. — Ces hommes d'armes sont, ici, d'une indifférence que des soldats de la croix n'auraient assurément pas eue dans des circonstances pareilles.

X.

Le Vésuve ébranlé vomit de ses entrailles
D'impétueux torrents de bitume et de feu!
Herculanum prévoit d'horribles funérailles;
Sa population tend mille bras vers Dieu!

Mais Dieu ne cède pas à l'humaine prière;
Ses temples, dans leur chute, écrasent des mortels

Qui, croyant l'univers à son heure dernière,
Venaient chercher refuge aux pieds des saints autels !

— Cette page est le fruit d'une verve bouillante ;
GUÉRIN conçoit le drame et l'écrit avec art.
Jamais on n'imprima le sceau de l'épouvante
Avec plus de bonheur que dans cet œil hagard !

Cette foule à genoux, se tord, échevelée,
Dans les transports affreux d'un indicible effroi ;
La nature n'est plus qu'une horrible mêlée,
Chacun pleure les siens, chacun tremble pour soi !

Voyez, voyez là-bas ce peuple qui se presse,
Et se heurte en courant, comme un troupeau qui fuit,
Bientôt l'ardente lave aura, dans sa vitesse,
Atteint et dévoré tous ceux qu'elle poursuit !

Le peintre a bien rendu cette effrayante scène ;
A part ce fût brisé qui fait tache au tableau,
Son art saisit l'esprit, le captive et l'entraîne...
Tout ce drame est poignant, tout cet horrible est beau.

Guérin, si ta couleur était un peu moins grise,
Ta toile plus profonde et ta colonne à bas,
Cette œuvre effacerait mille œuvres que l'on prise...
Tu sens le mouvement, tu comprends le fracas.

XI.

Détournez vos regards de ce triomphe étrange,
Femmes, qui conservez un reste de pudeur!
Le pinceau de Muller a trempé dans la fange,
Il prête aux goûts brutaux sa fougue et son ardeur...
Cet *Héliogabale* est une page immonde!
— Pourquoi prostituer ta verve si féconde?
Ami, pourquoi traduire un cynisme pareil?
Eh! n'est-ce pas fermer les yeux à la lumière?...
L'Aiglon ose-t-il bien s'ébattre dans l'ornière,
Quand il peut, à son gré, planer près du soleil?

C'est déjà trop, hélas! qu'un feuillet de l'histoire
Ait conservé ce trait de dégradation;
Mais la plume, du moins, en le rendant notoire,
Vouait le Syrien à l'exécration,

Et ce tableau, **Muller**, constate et glorifie
Le plus coupable excès qu'homme ait pu concevoir!
C'est un choix dégoûtant que rien ne justifie...
—Le Jury d'examen n'a pas fait son devoir.

Oh! sans doute, voilà d'excellentes figures,
Un rare mouvement, une forte couleur!
Tu suis de près Rubens, pour certaines natures;
Ces premiers plans surtout rappellent sa chaleur.
Mais pourquoi t'épuiser sur une œuvre pareille?
Qui voudrait l'acquérir?... Serait-ce une merveille,
On ne peut l'exposer à de chastes regards.
Tes efforts sont donc vains! ta peine est donc perdue!
Quand pourras-tu cueillir la palme qui t'est due?...
— Dès que tu comprendras la mission des arts!

XII.

Le *Supplice de Jeanne d'Arc*, par Laurent Detouche, n'a pas tout le grandiose que comporte le sujet. L'auteur, préoccupé de placer à l'aise le cardinal d'Angleterre, les évêques de Beauvais et de Noyon, et quelques autres spectateurs historiques, a oublié qu'en 1431, la foule n'était pas moins avide qu'aujourd'hui de ces terribles émotions que promet une exécution capitale ; et, dans ce tableau, le public n'assiste pas au sacrifice.

Jeanne d'Arc, attachée à la colonne qui s'élève du milieu du bûcher, porte ses regards vers le ciel et prie avec une ferveur que le peintre a bien rendue. Les mains de la victime sont liées, mais l'expression que l'art a su donner à la contraction de ses épaules nues, révèle à la fois dans cette âme héroïque la foi, l'espérance et la charité, ces trois vertus qui conduisent la vierge au martyre.

Cette longue figure, vêtue de blanc, est trop grande.

Quant au frère Martin, — le bon religieux qui exhorte Jeanne en lui présentant la croix, — c'est une copie burlesque du saint Antoine de la Tentation, telle qu'on la voit, en silhouette, dans les ombres chinoises.

XIII.

Le *Saint Louis*, que COURT nous représente déposant sur un autel la couronne d'épines qu'il a rapportée de la Terre-Sainte, est pieusement agenouillé ; mais la tête manque d'expression ; elle est lourde et commune.

En revanche, la tunique brochée d'or, le manteau royal doublé d'hermine, les coussins et tapis de velours, les guipures de la nappe d'autel, tous les détails enfin, sont d'un travail exquis.

Le sujet est sacrifié aux accessoires.

Les *Portraits du roi et de la reine de Danemark*, pendant la cérémonie de leur couronnement, forment la plus riche enseigne de passementier que l'on ait jamais vue. Les franges d'or y sont prodiguées, et l'exécution des étoffes, dentelles, bijoux, meubles et ornements, est d'une vérité et d'une délicatesse extrêmes.

J'en dois excepter cependant les deux lions à crinières d'or que plus d'un malicieux visiteur dit avoir pris pour des chiens de faïence.

Mais les deux figures sont tout ce que l'on peut imaginer de plus froid, de plus guindé, de plus sottement prétentieux. La pose en est roide et embarrassée. On voit que Leurs Majestés danoises ont été reproduites d'après des *modèles* fort mal à l'aise sur un trône d'atelier. Les têtes même sont sèches et plates; elles ont un air de famille fort prononcé avec le roi de pique et la dame de cœur.

Cependant ces portraits doivent avoir le mérite de la ressemblance, car l'imagination la plus malheureuse n'inventerait pas des types pareils.

HISTOIRE SACRÉE.

I.

Allons ! de BOUTERWECK analysons la page !
Un rayon de soleil éclaire l'angle noir
Où notre œil a longtemps fureté sans la voir...
Saisissons aujourd'hui la fortune au passage !

Ce chameau s'agenouille à l'ordre du cornac...
L'Envoyé d'Abraham a reconnu son maître ;
Il dit à *Rébecca :* — « L'homme qui va paraître
« Est ton futur époux, mon seigneur, *Isaac !* »
Et la vierge se voile avant qu'il ne l'approche...
— A mes yeux, ce chef-d'œuvre est exempt de reproche ;
Il méritait au Louvre une place d'honneur.
Voyez d'*Eliézer* la silhouette pure,
Les gracieux contours, la riante nature...
Cette œuvre est peinte avec bonheur !

Quels merveilleux détails !... Le voile des suivantes
Réflétant sur leurs traits un jour mystérieux,
Les plus rares tissus, les tuniques flottantes,
Et tous ces ornements riches et gracieux,
Tout dans ce grave ensemble est large de manière :
Tout est beau de souplesse, attrayant de lumière.
Et pas un ton criard n'altère ce trésor !
Tant de perfection ne saurait se décrire...
En voyant ce tableau, — poëte, je l'admire,
Prince, je le couvrirais d'or.

II.

Le Sacrifice d'Abraham, par LAYNAUD, est un tableau dans lequel on ne trouve de bon que la figure d'Isaac.

La lumière qui, tombant du ciel, enveloppe l'ange, le patriarche et la victime, est d'un ton blafard qui nuit à l'ensemble de la composition.

L'emplacement qu'Abraham a choisi pour y élever le bûcher, n'est pas aussi heureusement accidenté que le peintre a eu la prétention de le faire. L'autel ainsi placé me paraît viser au théâtral, et les figures de ce vieillard et du messager du ciel, tombent trop en avant.

Isaac est là, jeté avec abandon, le cou tendu sous le glaive; il attend la mort avec résignation, et pourtant il frisonne...

Le corps et l'âme sont en lutte à ce moment suprême.

Le dessin de ce tableau, sans être correct, ne manque pas de fermeté, et la couleur est assez bonne.

Les draperies en sont généralement bien entendues et bien jetées.

III

La page que LAEMLEIN intitule le *Réveil d'Adam*, est trop expressive pour être décente; à force de creuser le *sentiment*, l'artiste a trouvé la *passion*, et son pinceau n'a pas craint de l'étaler aux yeux, sans réserve ni pudeur.

Notre premier père a quelque parenté avec le Satyre surprenant une nymphe endormie.

Ses yeux enflammés brillent comme des escarboucles, et la fable traditionnelle de la pomme est ici réduite à sa plus simple expression.

Le démon et le serpent se tiennent à l'écart, dans une attente visiblement impatiente; ils soufflent dans le cœur du premier homme le feu de cette concupiscence qu'Adam doit transmettre avec le sang à tous les descendants de la race humaine.

C'est le péché originel expliqué par la nature.

Le démon, sans doute, est bien là dans son rôle, mais que font, à droite, ces anges candides? Leur présence en ce moment n'est-elle pas pour le moins ridicule?... Si l'un d'eux prenait soin de défendre l'innocence primitive de l'homme contre les perfides attaques de l'esprit malin, je m'expliquerais cette rencontre des bons et des mauvais génies; mais il n'en est rien : les célestes créatures demeurent aussi étrangères à la scène principale que ce bel oiseau pêcheur qu'on aperçoit au premier plan, et que ce lion qui, là-bas, tient bénignement une biche couchée entre ses pattes inoffencives.

La couleur et le dessin des figures méritent des éloges. Eve surtout est vivante.

— Sous ce titre, — *La chute d'Eve*, — Savinien PETIT a voulu rendre une pensée pareille quant au fond, mais il n'a mis en scène que deux personnages, la femme et le démon tentateur.

Cette œuvre est une pitoyable création que rien ne rachète, ni le dessin ni la couleur; toute la critique qu'on en peut faire s'écrit en un seul mot : — IGNOBLE.

Aussi n'en veux-je parler que pour convaincre d'injustice, de négligence ou d'incapacité nos *infaillibles* experts.

IV.

Cette page où, pour moi, tant de sentiment brille,
Est large de *facture* et digne du sujet;
Voyez, c'est le *Repos de la Sainte Famille*,
De l'art solide et franc, l'œuvre de Ducornet.

Ducornet!... A ce nom l'étonnement s'éveille.
— « Eh! quoi? dit-on partout, ce peintre né sans bras
« A pu faire un tableau?... C'est à crier : — Merveille!
« C'est d'un prodigieux que l'on ne comprend pas!. »
— Et la foule, jugeant arbre et fruit sur l'écorce,
Parle de ce *travail*, comme d'un tour de force,
Et, pour montrer du cœur, s'attendrit à moitié...
— Point de compassion; hypocrites, arrière!
Quand un chef-d'œuvre est peint, qu'importe la manière?..
Admirez le talent, — arrière la pitié!

— La Vierge et saint Joseph attestent de l'étude.
L'œil surprend dans ces traits un peu de lassitude,

Et l'esprit trouve l'âme au fond de cette chair.
L'ange respectueux qui leur sert de cortége
Est pieux et discret, — il adore et protége...
    La scène est vaste et pleine d'air.

Directeur des Beaux-Arts, fais acte de justice.
DUCORNET s'est acquis d'incontestables droits;
Achète son tableau... tends-lui ta main propice...
Et sur ce tronçon d'homme attache un jour la croix:
L'étoile de l'honneur n'en sera pas ternie!
S'il est petit de taille, il est grand de génie;
C'est un artiste enfin persévérant et chaud
Qui convaincra de torts la nature marâtre...
Les arts ont des *géants* que Paris idolâtre,
    Et qui n'ont pas le cœur si haut!

V.

Si ta *Fuite en Egypte* est d'un art moins austère,
Alexandre COLIN, ton pinceau gracieux
A, pour traduire ici les habitants des cieux,
Fort bien poétisé des types de la terre.

Cet ange conducteur est suave d'attraits.
Le regard de la Vierge exprime la tendresse ;
Tout ce beau groupe enfin m'appelle et m'intéresse...
Le cœur perce dans tous ces traits.

Sans doute ce tableau n'est pas grave de style,
C'est de l'art de dévote, une œuvre de boudoir
Qui plaît à l'œil profane et qu'un saint pourrait voir,
Tant l'entente en est pure et la touche facile.
Un pinceau délicat a léché ces contours
Avec moins de ferveur que de coquetterie :
Les anges, voltigeant au-dessus de Marie,
Peuvent passer pour des Amours.

VI.

La page de Mottez est une œuvre criarde,
Un ramassis de tons communs et discordants
Qui fatigue bientôt quiconque le regarde...
Ces pampres vigoureux, enlacés ou pendants,
Interceptent le jour sur un tiers de la toile ;
Ce front, qu'encapuchonne un métallique voile,

Atteste gauchement que la Vierge a souffert...
Tout l'ensemble est grossier, sans goût, sans harmonie;
Ce n'est qu'un lourd chaos dépourvu de génie...
C'est un échantillon de *vert*.

— Cet artiste a pourtant de la verve et du style;
Si nous le critiquons avec sévérité,
C'est qu'il peut, sans effort, se montrer plus habile...
Nous lui devions la vérité.

VII.

Les *Bergers* de CIBOT sont grands de caractère,
L'ensemble de son œuvre est largement compris;
Mais l'incorrection, dans un sujet austère,
Est un vice qui peut en changer tout le prix,
Et d'énormes défauts fourmillent dans sa page...
Voyez l'ange chargé du céleste message,
Son bras indicateur n'appartient pas au corps,
Ses membres sont tordus dans sa robe flottante!
Voyez en bas ce chien; sa patte est révoltante...
Nous passerons dix autres torts.

— Là, d'Édouard Dubufe, admirez la peinture !
Son talent plus correct appelle nos regards.
C'est du style savant, de la franche nature ;
Point d'effet théâtral et point de tons criards.
— *Tobie* enlève un mort qui gisait sur la place...
Dans ce cadavre on sent jusqu'au froid qui le glace,
On trouve l'abandon qu'y laisse le trépas,
C'est de l'art grave et pur qui promet de la gloire ;
C'est le second feuillet d'une admirable histoire :
Dubufe, ne l'interromps pas !

VIII.

De *Pharaon* voyez ici la fille !
Grâce, candeur, aisance, majesté,
Tous les attraits dont la jeunesse brille,
Tous les trésors qui parent la beauté,
Brune-Pagès a bien su tout comprendre.
Jamais pinceau plus suave et plus tendre
N'enfanta rien d'aussi délicieux !
Jamais poëte, emporté sur ses ailes,
Ne rencontra de femmes aussi belles,
Sur la terre ni dans les cieux !

Sans déflorer cette chaste nature,
Si j'esquissais tant de charmes divers !...
Groupe élégant, délicate peinture,
Œuvre magique, électrisez mes vers !

— De Thermutis j'admire l'attitude ;
Ce corps si souple et si voluptueux
Est un chef-d'œuvre et de pose et d'étude...
Son abandon est si majestueux !
J'aime le corps de cette femme assise,
Qui, d'une main, découvre ici *Moïse*,
Et le présente à la fille du Roi.
Dans son être il n'est rien qui blesse notre vue,
L'artiste nous la fit décente quoique nue,
Pudique dans son désarroi !

— Cette page dénote une riche science,
Un dessin ferme et pur, un coloris puissant ;
Et si vous persistez à peindre en conscience,
Votre talent, Madame, ira toujours croissant.
Vous avez dans la touche une grâce infinie ;
Vous possédez le goût, l'entente, l'harmonie ;

Chez vous enfin le cœur anime le pinceau...
Allons, persévérez!... de plus belle en plus belle!
Tâchez que, dans un an, quelque palme nouvelle
De votre gloire soit le sceau!

IX.

Dieu! que l'*Enfant prodigue*, ainsi fait par COUTURE,
Atteste dans l'auteur de force et d'avenir!
Mon admiration n'a pu se contenir
Quand j'ai, dans un recoin, trouvé cette peinture.
Du bonheur de la voir, j'ai béni le hasard,
Et blasphémé la main qui l'a si mal placée.
Jamais tableau ne fut plus riche de pensée,
Ni plus parfait d'entente et d'art!

X.

L'*Adoration des Bergers* de **DECAISNE**, à part quelques défauts, renferme d'excellentes qualités. La composition en est heureuse et l'exécution habile. La Vierge et l'enfant Jésus méritent surtout de sincères éloges. La lumière céleste qui les inonde est éclatante et légère; mais les deux anges qui planent au-dessus du groupe ne sont que des êtres bâtards, sans style et sans attraits.

Les bergers à gauche de Marie, et la femme agenouillée, dénotent une puissante facture.

— Frère, en traitant le même sujet, a disposé la scène d'une tout autre manière. — La Vierge, assise au fond d'une misérable masure, tient couché sur ses genoux l'enfant-Dieu que des pasteurs adorent en se prosternant. Saint Joseph, debout et appuyé sur un bâton, semble prêt à continuer son voyage.

L'artiste a bien rendu cette première page de la vie du Christ. Il a suivi l'Écriture sainte jusque dans les moindres détails de son œuvre. C'est bien là le lieu où Jésus a voulu naître, — la caverne qui servait d'étable.

C'est un tableau remarquable de simplicité, de *faire* et d'harmonie.

— L'*Adoration des Bergers* a été aussi peinte par Auguste Philippe, sur commande du ministère de l'intérieur. Sa composition est heureusement conçue, ses figures d'un bon style et largement dessinées. Il y a de l'expression dans ses têtes, de la vie dans sa couleur; mais les draperies sont lourdes et mal jetées.

— Antigna, sous ce titre : *la Naissance de Jésus-Christ*, a, dans le salon carré, une toile chaudement harmonieuse qui paraît fort bien peinte, mais dont l'extrême élévation m'interdit la faculté d'apprécier les détails.

Saint Joseph est religieusement agenouillé devant *l'Enfant Jésus* que la *Vierge* contemple avec une tendresse toute maternelle, et le Saint-Esprit plane sur eux, au milieu d'un foyer de céleste lumière.

C'est une œuvre que je regrette vivement de ne pouvoir examiner de plus près.

— Saint-Ange-Chasselat est resté bien au-dessous du sujet biblique dans la composition de son *Saint Jean-Baptiste prêchant dans le désert*. La figure principale manque de caractère. Pourquoi le Précurseur est-il ainsi affaissé? Est-ce de l'indolence ou de la fatigue? — Saint Jean, prêchant, devait parler avec une entraînante énergie, car sa voix était l'organe de Dieu ; rien ne pouvait refroidir son zèle, car il avait foi dans le Messie, et comprenait toute l'importance de sa mission.

Le groupe d'auditeurs est assez bien entendu; cependant cette femme montée sur un âne, à droite, ne se rattache nullement à la scène, et ne prête que fort peu d'attention aux prédications de Jean-Baptiste. Son type, sa pose, l'enfant qu'elle tient dans ses bras, tout enfin, jusqu'à sa monture, me rappelle la fuite en Égypte.

D'autres personnages de ce groupe peuvent aussi être signalés comme des réminiscences, pour ne rien dire de plus, et notamment la jeune fille assise, au centre, qui trouvera sa sœur aînée dans le beau tableau de l'infortuné Roger, trop riche, lui, de son vivant, pour emprunter rien à personne.

Le dessin de ces figures n'est pas irréprochable, et la couleur est généralement molle.

XI.

Ici *Jacob* vient demander à *Laban* la plus jeune de ses filles. Dumas nous représente le vieillard assis au pied d'un arbre et gesticulant des doigts, comme un sourd-muet qui prend part à une vive discussion, au moyen de signes. Sans doute que ce bon père, jaloux de se débarrasser de son aînée, *Lia* la chassieuse, redouble d'éloquence mimique pour persuader Jacob; mais on voit, au sang-froid de notre amoureux, que ces instances ne le détermineront pas.

Rachel, debout à la gauche de son père, est d'une physionomie assez heureuse et d'une modestie qui intéresse; quant à la fille aînée, placée à sa droite, elle est plus que majeure et fort laide. L'artiste a, sous ce double rapport, suivi le texte de l'Écriture.

Jacob a trop de roideur dans sa pose, et je voudrais qu'il mît plus de réserve dans l'expression de son choix.

La couleur brique est tellement prononcée dans tout le tableau, qu'on prendrait aisément la plupart des personnages pour des figures de terre cuite.

Je m'abstiendrai de parler du chien; ce n'est que de la mauvaise tapisserie.

— Nous trouvons la même immobilité dans cette *Agar au désert*, qu'expose Mlle SERRET. Sa tête, bien qu'ornée de grands yeux blancs obstinément tournés vers le ciel, n'a pas plus d'expression qu'une tête de bois. C'est Agar, si l'on veut, mais Agar dépouillée de toute poésie — de l'inerte matière.

Ismaël, qui, selon l'histoire sacrée, comptait dix-sept ans avant de quitter la maison d'Abraham, est loin d'avoir cet âge dans le tableau de Mlle SERRET : c'est un enfant de dix à douze ans.

La manière dont il est jeté sur le sol est fausse et disgracieuse; il semble avoir l'épaule gauche fracturée; ses traits n'expriment pas l'épuisement, ils grimacent la douleur.

Dans un temps où l'on ne croit plus guère aux miracles, il était bon, sans doute, de n'indiquer que faiblement l'apparition de l'ange; mais l'artiste, en voulant le dissimuler, ne l'a rendu que plus palpable. Ce n'était pas au premier plan, mais bien dans le fond, et fort loin, qu'il fallait esquisser cette figure. Le corps, d'ailleurs, devait s'effacer insensiblement et ne pas se couper en silhouette comme un décor de théâtre.

Cette œuvre est froide et sans la moindre portée.

— Charles Fournier nous représente *Agar* au moment où, arrivant au désert et pressentant les douleurs qui lui sont réservées, elle implore l'Éternel pour son fils.

Le type de la mère est commun; l'expression de son regard est forcée; mais il y a du sentiment dans la figure d'Ismaël.

La couleur est bonne, le dessin assez pur, et la composition simple et gracieuse. Les détails, accessoires et draperies, dénotent un pinceau vigoureux et facile.

— *La Samaritaine* de Jules Petit est naturellement posée; son âme semble s'émouvoir à l'audition de la parole divine, et ses yeux ont une expression pénétrante. Cette figure est belle, les lignes en sont pures; mais la tête du Christ est d'un caractère faux; son regard est mal arrêté, ses traits sont anguleux.

Le bras droit, qu'il tient levé, ne s'emmanche pas avec l'épaule et présente un raccourci défectueux.

Les Disciples, que l'on aperçoit au deuxième plan, forment un groupe heureusement composé. Le site est bien approprié à la scène, et la perspective est profonde.

C'est un tableau qui, sauf quelques imperfections, mérite une place honorable.

— L'*Adoration des Mages* de M. Odier est dans des proportions trop grandes pour les dimensions de la toile ; ses figures sont étouffées dans la bordure.

L'art est sacrifié aux exigences de l'emplacement.

Autrefois, on aurait construit un édifice pour y exposer convenablement un tableau; mais, aujourd'hui, tous les coins d'un temple ou d'un palais sont garnis indifféremment de tous les chefs-d'œuvre possibles, sauf à rogner quelques pieds d'un Rubens ou à l'élargir de moitié au moyen d'un morceau de toile et d'un barbouilleur.

Demandez plutôt à MM. les Ordonnateurs des galeries de Versailles!

XII.

La figure assise, que M. Hurtrel nous donne pour un *Saint Jean-Baptiste*, est une fort belle étude sans doute, mais ce n'est qu'une étude, qui n'a du Précurseur que la croix de roseau. La pose même de cette figure, tenant dans ses mains jointes son genou ployé, manque de dignité et ne rappelle qu'un *modèle*.

Quant à ce qui est de l'exécution proprement dite, nous

devons des éloges à M. HURTREL. Son personnage est bien dessiné; sa couleur est excellente, et ses fonds sont délicatement peints.

L'aspect général du tableau est satisfaisant. On y trouve de la chaleur, du style et de la gravité.

C'est une belle promesse.

— Avant de clore cette catégorie, jetons un coup d'œil sur l'étude prétentieuse de FRANCHET.

David, vainqueur de Goliath, emporte à Jérusalem la tête de son terrible adversaire. Il tient par les cheveux cette tête d'où le sang ruisselle, et, la main droite appuyée sur une longue et lourde épée, il se pose fièrement devant les spectateurs, comme le ferait un des Hercules du Cirque, après avoir exécuté quelque brillant tour de force.

Le dessin de cette figure est d'une grande fermeté, mais la couleur en est sèche et terreuse. Les demi-teintes sont lourdes et mal fondues.

Néanmoins ce début annonce, dans l'auteur, des études sérieuses qui, rectifiées par la pratique et le bon goût, produiront d'excellents résultats, si le génie leur vient en aide.

TABLEAUX RELIGIEUX.

I.

Tout ce qui fut n'est plus!... Dans un chaos immense
Retombent pêle-mêle ondes, ciel, terre et feu ;
Le temps s'arrête ici, l'éternité commence...
Les hommes vont se voir face à face avec Dieu !

L'effrayante trompette a, dans la sépulture,
Éveillé la poussière et les chairs en lambeaux :
L'humanité soudain sort de sa pourriture,
Les générations surgissent des tombeaux !

Du *dernier Jugement* GUÉ nous offre l'image.
— En haut, le Dieu vengeur, assis sur un nuage,
Environné de gloire, au sein de ses élus...
— En bas, le globe entier plongé dans les ténèbres,
Et le rapprochement, dans leurs couches funèbres,
Des os de ceux qui n'étaient plus.

— Là, le ministre ailé qui plane dans l'espace,
Suivant l'arrêt écrit, sans remise ni grâce,
Opère des humains le triage éternel ;
Et bientôt, à sa voix, d'immortelles phalanges
S'élèvent dans les airs et deviennent des anges
En touchant les portes du ciel !

D'innombrables essaims, tout rayonnants de gloire,
Peuplent l'immensité des hautes régions ;
De leurs frères élus ils chantent la victoire,
Et bénissent en chœur le Dieu des nations !...

— En versant dans la nuit ces torrents de lumière,
En jonchant l'univers de mourants et de morts,
L'auteur s'est souvenu de sa page dernière...
Il a puisé deux fois dans les mêmes trésors.

Devant ce diamant la raison s'extasie,
Notre foi se rallume, et nous rêvons des cieux...
Oui, GUÉ ! votre tableau, c'est de la poésie
Dont on s'enivre par les yeux !

On comprend l'infini devant la scène immense
Que votre œuvre déroule aux regards étonnés;
On se croit au grand jour où Dieu, dans sa puissance.
Doit juger, sans appel, bienheureux et damnés!

Votre art de nos destins a déchiré le voile;
Nous pouvons par avance entrevoir Jéhovah!
Ce champ que nous voyons, ce n'est plus une toile,
C'est la plaine de Josaphat!...

II.

Louis aussi prétend aux œuvres capitales;
De la peinture intime il affronte l'écueil;
Mais celle qu'il nomma *Vertus théologales*
N'obtiendra pas chez nous un favorable accueil.
Cette *Foi* lourde et froide, aux yeux de qui l'aborde,
Semble un des blocs assis, place de la Concorde;
La lumière céleste est d'un effet criard...
Et ce petit lutin qui sous la draperie
Se cache, en souriant avec espièglerie,
N'est-ce pas un colin-maillard?

III.

Ici, Muse, prenons un langage sévère ;
Esquissons dignement la scène que tu vois !...
— Chrétiens, recueillez-vous, voici le Mont-Calvaire !
On dépouille *Jésus*... On l'attache à la croix !!!

— Voyez de ses bourreaux la rage impatiente ;
Les monstres l'ont déjà crucifié des yeux !
L'un repousse du pied la Vierge défaillante,
L'autre perce les bras du gibet odieux ;
Tel, plus féroce encore, étend sa main crispée
Pour s'emparer du *Christ* et le clouer vivant
Sur cette horrible croix, de sang déjà trempée !
Tel autre de sa robe a saisi le devant ;
Il arrache les plis qui couvrent sa poitrine,
Et livre le saint corps à d'insolents regards !...
Le peuple d'Israël inonde la colline ;
L'outrage et le dédain pleuvent de toutes parts !
C'est le drame sacré dans son incandescence...
— Il fallait tant de foi, tant d'âme et de ferveur

Pour donner au sujet toute son éloquence!...
Il fallait avant tout comprendre le Sauveur.

Eh bien! de ce tableau que tout Paris admire,
— Le dirai-je, STEUBEN? — tu fis un avorton...
Ce n'est pas là Jésus... C'est un être en délire,
C'est un homme échappé des cours de Charenton!

Oh! sans doute, voilà d'excellentes figures!
Ta *Madeleine* en pleurs est admirable à voir...
Ces contours sont si beaux... Ces lignes sont si pures!...
— Oui, mais, en vérité, c'est de l'art de boudoir!

Peins des *Esméralda*, fais du genre folâtre,
De gracieux portraits, des *riens* voluptueux;
Inspire-toi d'Amours, de romans, de théâtre,
Et n'entreprends jamais rien de majestueux.

Vois si le colibri suit l'aigle dans la nue!
STEUBEN, sa gentillesse enchante nos regards,
Mais il ne quitte pas l'atmosphère connue...
— Des hautes régions crains aussi les hasards.

IV.

Quel est ce grand tableau que CHENAVARD nous donne ?...
— On n'aperçoit d'abord qu'un Christ à la colonne.
Puis, le Livret aidant, à force de chercher,
On voit *saint Polycarpe* au-dessus d'un bûcher...

— Quel affreux pêle-mêle !... et, pourtant, quelle verve !
Enfin l'œuvre s'anime aux yeux de qui l'observe :
Cet enfant à genoux auprès du saint martyr,
Ces femmes que l'effroi transporte jusqu'à fuir,
La mère qui se baisse et ramasse, chagrine,
Son enfant renversé que la foule piétine,
Et celle qui, les poings étreints dans des liens,
Affronte aussi, pour Dieu, la fureur des païens ;
Tous ces types à part, — en dehors de la scène, —
Ont dans le mouvement une grâce sans gêne,
Un style grave et pur, un cachet de grandeur...
Chaque figure enfin dénote dans l'auteur
De la correction, de l'âme, du génie;
Mais l'ensemble n'a rien qui sente l'harmonie !

Des tons faux et criards, lourds et prétentieux,
De ce chaos savant font le fléau des yeux...
Ce n'est pas un tableau, c'est un *bariolage*.
Et pourtant que d'or fin dans tout cet alliage!
Que de puissance et d'âme au fond de ce fatras!. .
— CHENAVARD, lutte encore, et tu triompheras!

V.

La verve de SERRUR est féconde en merveilles :
Son pinceau délicat sait traduire le beau.
Ses pages, au salon, trouvent peu de pareilles,
Car à tout ce qu'il fait il veut mettre le sceau.
Le fini de cette œuvre est pour nous un prodige;
Les types, le dessin, l'entente, la couleur,
Tout, — ensemble et détails, — complète le prestige...
C'est du talent exquis, plein d'âme et de chaleur.

— *Catherine* à genoux reçoit l'anneau mystique,
En signe d'union, des mains de l'Enfant-Dieu...
Sa pose est si pieuse et son front si pudique;
La Vierge fait si bien son amoureux aveu!

Cet ange protecteur, agenouillé comme elle,
Avec un saint respect l'abrite de son aile;
Il embrasse Jésus d'un regard caressant...
— Cet autre fils du ciel qui s'attriste et soupire,
C'est l'ange précurseur de son futur martyre...
Il gémit sur des maux que son âme pressent.

— De la mère de Dieu j'admire la figure;
Son attitude est noble et son air pénétré...
Je lis sur ce beau front de la tendresse pure;
Elle comprend l'honneur de son rôle sacré.
— Saint Joseph, plus commun de pose et de manière,
Atteste moins d'esprit au fond de sa matière;
Il s'étend lourdement sur la rampe, là-bas...
— Dans ce ciel lumineux d'innombrables chœurs d'anges
Offrent à l'Éternel un concert de louanges
Que l'oreille de l'homme écoute et n'entend pas!

— Ce gracieux chef-d'œuvre est empreint de génie;
De cent difficultés l'art est resté vainqueur,
Et la scène est surtout riante d'harmonie...
C'est une page sainte écrite avec le cœur.

— Ta blonde *Catherine* aujourd'hui m'intéresse :
J'en admire, Serrur, les contours, la finesse,
Et je tremble déjà pour ce joyau de prix.
Où va-t-on le cacher?... Dans quelque monastère?...
— Directeur des Beaux-Arts, obtiens du Ministère
Que ce tableau reste à Paris!

VI.

Là, le premier martyr de notre foi chrétienne,
Le diacre choisi, le fervent *saint Étienne*
Demande, à deux genoux, pardon pour ses bourreaux.
Les Juifs qui l'ont traîné sous les murs de la ville,
Le trouvent jusqu'au bout impassible et tranquille
Dans ses tourments toujours nouveaux.

— Lavergne (Claudius) a compris cette page :
De ces tigres jaloux il a traduit la rage
Avec la fermeté d'un pinceau vigoureux.
Le drame est saisissant... On prévoit la manière
Dont ces gens vont lancer leur homicide pierre...
Mais les détails sont moins heureux.

VII.

Le *Christ aux Oliviers*, de M. Girardin, est l'œuvre d'un jeune talent qui promet de grandir. L'aspect métallique de ses anges est d'un effet disgracieux; mais la plupart des figures, notamment celles des Disciples endormis, sur le premier plan, sont d'un dessin assez pur et d'un style sévère.

Le Christ est dans un abattement profond. Cette belle figure, accroupie plutôt qu'agenouillée, semble dire au Très-Haut le *Fiat voluntas tua*, dont dépendait la rédemption des hommes. — Il est à regretter que le ton par trop vigoureux de toute la partie supérieure du tableau, écrase ainsi le personnage principal, et le dérobe souvent à la première vue.

Quoi qu'il en soit, cette œuvre dénote une haute intelligence de la peinture religieuse, et fait pour l'avenir des promesses dont nous prenons acte avec une entière confiance.

Que l'artiste travaille avec persévérance; qu'il étudie bien sa composition avant de l'exécuter sur la toile, et, pour lui, la critique la plus vétilleuse n'aura plus que des éloges.

— Les *Anges au sépulcre*, de M. Varnier, sont groupés avec trop de symétrie : la composition laisse à désirer; mais la pose est religieuse, et le dessin annonce de bonnes études.

Le sacré corps est remarquable de style et de correction; il est posé avec tout l'abandon, tout le naturel de la mort; mais la teinte plombée qui domine dans cette figure indique tous les ravages intérieurs d'une décomposition rapide, et cet aspect produit sur les spectateurs une sorte de répulsion instinctive qui les éloigne, en les choquant. Cette couleur peut être vraie, après une sépulture de plusieurs jours; mais pourquoi ne pas adopter un ton de chair moins repoussant, quand on peut supposer que le Christ vient d'être descendu dans le tombeau?

L'ange qui a le front appuyé sur la pierre passerait pour endormi dans cette posture, si la disposition de ses ailes n'attestait le contraire. Celui du milieu n'est qu'un remplissage obligé, et, tous les trois, ils sont faits d'après le mannequin, sans le moindre souci du mouvement du corps, de la souplesse des membres, et de la grâce des contours.

Que signifient ces fleurs dont le peintre a minutieusement émaillé le linceul? Pourquoi ces détails puérils dans une page où la gravité du style n'admet rien de terrestre?...

Je n'épluche aussi sévèrement le talent de M. Varnier que parce que l'étoffe en est bonne. Quand il aura conquis, à force de pratique raisonnée, la place à laquelle il a droit de prétendre, il saura que ses meilleurs amis n'étaient pas ceux qui, lors de ses débuts, lui brûlaient le plus d'encens.

— Sous ce titre : *Le Christ au tombeau*, M. JANMOT nous offre un cadavre bien droit, bien roide, et fort mal dessiné, couché non pas dans un roc, mais en *plein air*, au milieu d'un troupeau de femmes qui, toutes à genoux, croisent symétriquement leurs mains sur leur poitrine.

Ces personnages, rangés sur une file, faisant face aux spectateurs, se découpent en silhouette crue sur un mauvais ciel, et fatiguent les yeux par un assemblage confus de tons heurtés et criards.

Sont-ce de telles qualités ou de hautes recommandations qui ont valu au tableau de M. JANMOT l'une des meilleures places du Salon?... — Je réserve une page à la réponse.

— En attendant qu'elle nous parvienne, examinons *le Reniement de saint Pierre*, peint par M. CASSEL.

VIII.

L'amour des courtisans, la foi qu'ils ont jurée,
Ne sont ni bien certains, ni de longue durée.
Le moindre souffle emporte, on ne sait trop comment,
Tout ce que nos *amis* affichaient de tendresse...
Les dévoués du jour nous font mainte promesse;
Vienne un revers, adieu serment!

— JÉSUS, dans les douleurs de sa lente agonie,
Voit le premier des siens qui trois fois le renie.
— N'est-ce pas un sujet riche d'émotions? —
Il fallait une scène à déchirer notre âme,
Et l'artiste a réduit les ressources du drame
    Aux plus basses proportions.

— CASSEL est, dans cette œuvre assez mal ordonnée,
Resté fort au-dessous de la dernière année.
— Saint Pierre, la servante et le divin Sauveur,
Froidement alignés dans une étroite page,
Semblent se faire ici les honneurs d'un passage...
    Tous ces fronts manquent de ferveur.

IX.

M. VANDEN-BERGHE a choisi dans l'histoire du Christ la *Résurrection de Lazare*. Ce miracle était, comme tout ce que la raison n'admet pas, très-difficile à rendre; et l'auteur, malgré tout son talent, n'a fait qu'un mauvais tableau. Je dis *mauvais* comparativement à ce qu'il aurait pu faire, s'il eût pris un tout autre sujet, soit historique, soit religieux.

La scène se passe dans une caverne qui ne reçoit de lumière que par l'ouverture extérieure, dans le fond, à gauche du spectateur. Cette lumière, qui inonde la figure du Christ, est vive, trop vive peut-être pour que l'œil qui s'y est arrêté distingue bien ensuite le Lazare resté dans l'ombre. Cependant, le premier éblouissement passé, on aperçoit un corps qui tiraille péniblement son linceul de tôle peinte.

Le bras droit que le ressuscité s'empresse d'étendre vers Jésus, comme pour lui répondre que la mort cède à sa puissance, est d'une couleur trop vivante. Il semble que la circulation du sang n'y ait pas été interrompue un seul instant, et pourtant le corps est resté quatre jours dans le tombeau, et sa résurrection n'est pas encore complète.

L'homme qui, assis sur le premier plan, à droite, fait un mouvement d'effroi à la vue de Lazare, n'est qu'une statue de bronze florentin; statue froide et sans vie. Sa main gauche a la forme et la roideur du sceptre de Neptune.

La femme qui joint les mains en se tournant vers le Christ est d'une exécution incorrecte et disgracieuse; son mouvement est forcé.

La figure de l'Homme-Dieu, debout, au centre de la caverne, me paraît un peu lourde. La pose est prétentieuse. L'étoffe de la tunique est épaisse et mal drapée.

Mais on remarque dans les personnages qui se pressent

en foule à l'entrée du tombeau, plusieurs figures d'un beau caractère.

L'étonnement et la joie se peignent sur tous les visages. C'est le beau côté du tableau; le seul qu'il soit permis de louer sans restriction.

— Le *saint Georges* de M. ODIER est la moins importante et la plus mal peinte de ses trois pages. L'auteur, désireux de produire de l'effet, a tout sacrifié pour y parvenir. Le dessin de ses figures est d'une incorrection révoltante. La jambe de devant de son cheval semble avoir été rompue et disloquée à plaisir. Le cavalier n'est qu'un mannequin mal équilibré sur la selle, et le dragon que M. ODIER a eu tant de peine à tordre, figure dignement dans l'ensemble.

Pour être juste, en même temps que sévère, je dois ajouter que la couleur de ce tableau est assez bonne, bien qu'elle soit un peu grise. La perspective est profonde et l'harmonie des tons remarquable.

— M. Claude THÉVENIN s'est inspiré du sujet le plus prosaïque et le plus ridicule que jamais peintre ait pu choisir.

Il avait lu dans l'Évangile de saint Jean que le Christ, après sa résurrection, était apparu à Marie-Madeleine, sous la forme d'un jardinier, et le voilà qui, fier de sa découverte, nous offre Jésus *armé d'une bêche,* et dans la tenue des bergers amoureux de monsieur de Florian!

C'était déjà trop d'avoir accepté la *façon* d'une commande pareille ; mais l'exposer au Salon... c'est folie.

— La *Vision de sainte Thérèse*, dont M. GLAIZE s'est inspiré, nous a valu du moins un tableau qui, sans être un chef-d'œuvre, a de belles qualités. L'intention de cette composition est supérieure à la composition même, et l'on voit que l'artiste a mieux compris son sujet qu'il n'a su le rendre.

Le plus grand défaut que l'on puisse lui reprocher, c'est le manque d'unité. Deux groupes distincts se disputent l'attention et partagent l'intérêt ; au premier plan, c'est la Sainte en extase, qui tombe dans les bras d'un ange de formes assez mondaines ; et plus loin, dans le haut de la toile, l'apparition du Christ, environné d'anges et porté sur un nuage.

Une partie considérable de la scène est occupée par une table dont l'artiste a tourmenté les pieds avec une attention scrupuleuse. Cette table supporte un livre, une croix, un pan de draperie et une tête de mort. Tous ces objets sont d'un fini remarquable, et l'arrangement n'en est pas moins coquet que prétentieux ; mais ces détails appellent tellement les regards, qu'ils font oublier les figures principales.

— M. PÉRIGNON puise ses inspirations le matin, dans l'Évangile, et, le soir, dans *Roland le Furieux ;* aussi son *Christ en prière, au Jardin des Oliviers*, est-il dénué de tout caractère religieux. Il n'y a pas dans ce front une étincelle d'intelligence. Le type en est commun, matériel; c'est un condamné qui attend le bourreau; c'est un être abruti par la crainte du dernier supplice.

La figure de cet homme que, de peur de blasphémer, je n'ose appeler le Christ, semble s'affaisser si lourdement, que l'épaule par laquelle un ange la soutient, paraît se détacher du corps; et cependant cet ange ne supporte pas un poids bien lourd, car ses bras si frêles ne tremblent pas, et, quoique mal agenouillé, il conserve son équilibre.

C'est donc une pose outrée que rien ne justifie; un effet copié sur le mannequin, sans le moindre jugement.

La couleur des chairs est terreuse, et le ciel semble avoir été peint avec de la boue recueillie au fond d'une écritoire.

C'est le digne pendant du *Christ portant sa croix*, exposé au Salon de 1840.

X.

— M. Joseph Guichard, dans son *Christ au tombeau*, n'a pas mieux fait comprendre, par la tension musculaire des deux porteurs chargés du saint fardeau, quel doit être le poids d'un homme réduit à un abandon total. Le personnage qui porte le corps et la tête du Christ, lui déboîte en vain l'épaule, pour faire croire à l'extrême difficulté qu'il éprouve à le soutenir; la tranquillité de ses membres et sa pose même démentent ce simulacre d'efforts.

Celui qui tient les pieds du Sauveur a toute l'affectation, toute la prétention théâtrale du *modèle* d'atelier. C'est une copie froide et complétement étrangère à l'action que le peintre a voulu reproduire.

La figure de la Madeleine accroupie, au premier plan, est mieux comprise et mieux rendue; ses cheveux en désordre, l'expression de tristesse dont ses traits sont empreints sont bien dans le caractère du personnage.

La Vierge évanouie dans le fond n'est qu'une masse informe dont la critique n'a rien à dire.

— Dans un siècle de matérialisme comme le nôtre, on serait surpris de trouver au Salon tant de tableaux religieux, si l'on ne savait que ce sont à peu près les seuls que les artistes aient l'espoir de vendre, soit au Ministère, soit à la ville de Paris.

La peinture est aujourd'hui tout industrielle; on ne fait plus de l'art pour l'art; on *travaille* des doigts à l'insu de la tête et du cœur.

C'est un mal déplorable dont le résultat prochain, si l'on n'y porte remède, sera l'avilissement et la ruine des peintres; je dis *prochain*, car la décadence marche à grands pas.

— Dans son tableau : *Le Christ à la montagne des Oliviers*, M. Jules Quantin a suivi trop à la lettre le texte de l'Évangile. Pourquoi ce calice en vermeil ciselé avec tant d'art? N'est-ce pas matérialiser une scène éminemment poétique de sa nature, que de la traduire avec de pareils accessoires? Et d'ailleurs, en admettant le calice de la passion, ce calice pouvait-il être placé autrement que dans la main d'un ange, messager de Dieu le Père, ou dans celle du Christ lui-même?... Il ne devait pas être renversé, puisque Jésus l'accepte en prononçant ces généreuses paroles : « Mon père, que ce ne soit pas ma volonté qui se fasse, mais la vôtre ! » — Et il ne l'avait pas encore vidée jusqu'à la lie, cette coupe, emblème de ses souffrances, puisque la prédiction de ses derniers tourments ne faisait que commencer à s'accomplir.

Je ne suis entré dans tous ces détails que pour prouver à M. Quantin qu'il est bon de ne jamais employer une figure sans en avoir préalablement étudié la signification. — Parlons maintenant des personnages.

Le *Christ* est tombé dans un abattement tel qu'il ne peut se soutenir. Le peintre a bien rendu cette sorte de prostration dont parle saint Luc; et l'ange entourant l'Homme-Dieu d'une protection toute respectueuse, est aussi très vrai de pose et d'expression; cependant je trouve disgracieuse, et je pourrais dire inconvenante, la familiarité avec laquelle cet ange enveloppe le Christ de ses ailes.

Le dessin est généralement pur, mais la couleur des chairs est bitumineuse. Lès arbres sont lourds et d'une vigueur de coloris telle qu'ils avancent plus que les premiers plans.

Le quartier de lune qui se montre démesurément grand derrière cette masse noire, atteste que l'auteur est dans une ignorance complète des lois de la perspective.

— La *Descente de croix* de M. Dubouloz est une page d'un style vraiment religieux. La figure du Christ est bien étudiée, d'un bon dessin, et d'une couleur excellente. Le corps est un peu trop fort : Jésus n'avait pas cette taille herculéenne.

L'abandon de la mort est parfaitement rendu ; mais on a peine à comprendre que la Vierge, à demi agenouillée, puisse, avec autant de facilité, supporter un poids pareil.

Madeleine, le Disciple bien-aimé et le saint personnage qu'il soutient, sont trois belles figures, bien comprises et bien peintes.

Le linceul, jeté à demi sur le corps de Jésus, est chiffonné avec beaucoup de naturel : on trouve un sentiment de pudeur exquis dans cet arrangement sans affectation ; mais l'idée de mettre une sorte de voile blanc aux bras de la croix, me paraît moins heureuse.

En résumé, le tableau de M. Dubouloz mérite une place

honorable que plus d'une église serait heureuse de lui offrir.

— M. de la Piedra s'est inspiré du genre espagnol; cependant son tableau : *Le Christ mort et la Vierge*, joint à la sévérité de cette école, une tendance assez prononcée vers les maîtres italiens. C'est une œuvre mixte qui dénote de bonnes études et un sentiment vrai de la peinture religieuse.

Le corps du Christ est naturellement posé, la couleur en est bonne, et le dessin d'une pureté savante.

La figure de la Vierge qui, dans l'excès de sa douleur, vient de tomber près de son fils inanimé, ne laisse rien à désirer sous le rapport du style et de l'expression.

Le linceul de Jésus, et les vêtements de sa sainte Mère, sont très-heureusement rendus.

Quant au fond, il est tellement embu qu'il est impossible d'y rien distinguer.

— Il est des événements historiques ou traditionnels dont la reproduction par le pinceau est d'une exécution presque impossible : *La Peste des Riceys apaisée par la protection divine* était de ce nombre.

« En 1637, les habitants de la petite ville des Riceys, dé-
« cimés par une affreuse épidémie, se réunirent en confré-
« rie, sous la direction d'un ermite-prêtre, et invoquèrent
« la sainte Vierge, saint Roch, saint Sébastien, sainte Ju-

« lienne de Nicomédie et saint Gond. Leurs prières furent « exaucées ; le fléau cessa. »

Tel est le sujet que M. Jules Maison avait à retracer sur une toile de huit à dix pieds.

La composition d'un tableau de cette nature était chose difficile ; cependant l'auteur, qui, bien que fort jeune, a déjà pris rang parmi nos artistes recommandables, s'en est acquitté avec assez de bonheur, du moins sous le rapport du style.

L'aspect de cette œuvre est peu gracieux, sans doute ; la pose symétrique des quatre bienheureux intercesseurs, — placés entre la Vierge dans le ciel et les pestiférés sur la terre, — est d'un effet malheureux qui choque les spectateurs, et les rend indifférents au mérite incontestable de la couleur et du dessin ; mais pour peu que l'on tienne compte à l'artiste des difficultés qu'il avait à vaincre, on n'a vraiment pas le droit de se montrer sévère.

Si, au contraire, nous envisageons le tableau de M. Maison sous le rapport de l'exécution proprement dite, nous aurons plus d'un reproche à lui adresser.

La perspective aérienne est tellement fausse, que les quatre personnages assis au milieu des airs viennent plus en avant que le prêtre, vu de dos, au premier plan, et le nuage qui les supporte est si intense et si régulièrement arrêté, qu'on le prendrait pour un matelas. — Cette ligne horizontale, au-dessus de la partie sombre du tableau, produit l'effet d'une soupente, contre laquelle, en se relevant, le bon ermite agenouillé doit nécessairement se briser la tête.

XI.

Enfin voici de l'art!... MUSE, reprends ta lyre,
Et viens utiliser des transports que tu perds!
Vois de *saint Sébastien* le douloureux martyre,
Et dis-moi si cette œuvre est digne de tes vers!...
— CARBILLET sur sa toile a prodigué la grâce :
On ne peut qu'admirer son dessin large et sûr;
Il a mis dans *Irène* un sentiment si pur,
Qu'il n'est pas, sur ce point, maître qui le surpasse.
Voyez-la délier les membres du mourant!
Met-elle assez de cœur dans les soins qu'elle accorde?...
Elle épargne au martyr jusqu'au poids de la corde!
L'aspect du drame est pénétrant.

XII.

Que ta page, FOUQUET, dénote de science!
Que *Marie* est modeste et sublime d'attraits!

Jamais peintre n'a mis dans ces pieux portraits
Plus d'art et plus d'esprit, plus d'âme et d'innocence !
On lit dans son regard cet angélique amour
Qui révèle à la fois et la vierge et la mère...
Elle est belle, candide, attrayante et sévère ;
C'est la pudeur mise au grand jour.

Doucement appuyé sur sa chaste nourrice,
L'Enfant-Dieu la regarde avec tant de douceur !
En face de Jésus, saint Jean, son précurseur,
Des livres de Moïse épelle un frontispice :
Il est si vrai de pose et ce corps est si beau !
— C'est un groupe charmant d'entente et de nature ;
C'est, en fait de dessin, de style et de peinture,
L'œuvre d'un Raphaël nouveau !

XIII.

Reprenons du Sauveur la déchirante histoire !
— Dans l'œuvre de Jouy, Jésus-Christ garrotté
Paraît devant le peuple, au sortir du prétoire ;
Il est par des soldats lâchement insulté !

De sa tête qu'étreint la couronne d'épines
Le sang tombe et rougit ses épaules divines!
Un manteau dérisoire est jeté sur ce corps
Qu'il va sacrifier pour le salut du monde...
Comme un tigre affamé, la foule est là, qui gronde
Et trahit par des cris ses féroces transports!

— Un peintre, bien imbu de l'esprit de son drame,
Eût jeté dans l'ensemble un chaleureux entrain;
Mais tout ce mouvement ne peut tenir lieu d'âme:
La Foi n'a pas conduit l'artiste par la main.

Cette page, sans doute, atteste de l'étude;
Mais l'auteur peint à froid... Voyez! de ces soldats
Il a péniblement composé l'attitude...
Sans souci du principe, il vise aux résultats.

XIV.

Le *Christ* de Jollivet est plus grave de style,
Un sentiment pieux a guidé le pinceau;
Le génie est fervent et l'instrument habile,
Et pourtant ce n'est pas un excellent tableau.

L'abandon de ce mort mis dans la sépulture
A tout le naturel de la réalité;
Mais l'auteur, en léchant sa puissante peinture,
A méconnu partout la loi de gravité.

Ces hommes qui du Christ apportent la dépouille,
Simulent gauchement d'inutiles efforts;
Cet autre, qui vers eux se penche ou s'agenouille,
Est malheureux de pose et rabougri de corps.

La Vierge ainsi debout, dans le fond de la scène,
Semble un vivant appui fait exprès pour saint Jean;
Et, de l'autre côté, grimace Madeleine...
— Ce groupe symétrique attend un partisan.

XV.

Voilà le Christ en croix sur le mont du Calvaire!
— De Clinchamp a voulu reproduire à nos yeux
La mort du Rédempteur que le monde révère;
Mais il n'a pas cherché son type dans les cieux.

Il a mis devant lui son crucifix d'ivoire,
Et, copiste prudent, sans verve, sans ardeur,
Il a traduit l'objet dans toute sa roideur...
— Ma critique en ce point constate un fait notoire. —
Mais, à part ce défaut, l'œuvre n'est pas sans prix ;
L'art d'imitation s'y montre si fidèle,
Qu'on voit dans le tableau les veines du modèle...
— C'est le fruit d'un métier péniblement appris.

XVI.

Que ton art est savant ! que ta palette est pure !
Henri SCHEFFER, ta *Vierge* est vivante, je crois...
— Oh ! le bel Enfant-Dieu ! l'adorable figure !...
Ces deux êtres ont tout, moins le souffle et la voix.

Admirez de Jésus la douce rêverie !
Voyez ! que son repos paraît délicieux !
Que d'amour nous lisons dans le front de Marie !
Oui, l'artiste a vraiment mis le cœur dans les yeux.
— Cette œuvre-là du moins n'a pas que l'épiderme :
Un sentiment profond, un dessin large et ferme,

Attestent dans l'auteur de l'âme et du savoir.
Sa couleur un peu grise est belle d'harmonie;
C'est un chef-d'œuvre enfin palpitant de génie...
    Lecteur, c'est un prodige à voir.

— Les SCHEFFER du talent se font un privilége
Que nul peintre ne doit partager avec eux;
De nos célébrités ils mènent le cortége...
Mais ARY serait-il boudeur ou paresseux?
En vain, depuis deux ans, dès que le Salon s'ouvre,
Ses admirateurs vont dans le temple du Louvre
Demander leur idole à toutes les parois;
ARY se fait un jeu de tromper leur attente :
Il promet, et s'obstine à rester dans sa tente...
— Le manque de parole est le propre des rois.

XVII.

D'*Adrien-le-soldat* voilà bien le martyre!
— L'œuvre d'OMER-CHARLET bouillonne de chaleur;
C'est un drame flagrant où la verve s'inspire,
C'est un lit de torture où gémit la douleur!

Le peintre a bien saisi l'intérêt de la scène ;
Cette épouse fervente est belle de transport !
La foi va triompher de la puissance humaine ;
Un chrétien brave ici les tourments et la mort !. .

— A part quelque lourdeur dans la touche des ombres.
Cette page est, OMER, un excellent tableau.
Sache observer tes plans, fais tes glacis moins sombres ;
Tu possèdes l'entente, — épure le pinceau !

XVIII.

Ce corps dont les contours semblent couverts de gaze,
Appelle du passant les regards étonnés...
C'est *Madeleine en pleurs*, dans un moment d'extase,
A genoux, l'œil au ciel, les bras abandonnés !

C'est l'œuvre de CHOCARNE..., œuvre de fantaisie,
D'un talent à la fois correct et vaporeux ;
C'est un foyer d'amour, un jet de poésie,
Dont le style est riant et le ton chaleureux.

Ce n'est pas là le goût que ma Muse préfère ;
Je voudrais qu'un sujet de cette profondeur
Ne revêtît jamais qu'une forme sévère...
— C'est de la gentillesse, il faut de la grandeur.

XIX.

L'abîme sous les pieds, la foudre sur la tête,
Les Disciples du Christ invoquent son pouvoir ;
La barque va céder au choc de la tempête,
Et Jésus reste sourd aux cris du désespoir !
Dans le gouffre béant chacun d'eux voit sa tombe...
Le flot qui monte aux cieux, la vague qui retombe,
Excitent dans leur cœur un indicible effroi !...
Mais, ému de pitié, le fils de Dieu se lève,
Il apaise les flots, rend le calme à la grève,
Et dit : « Pourquoi trembler ?... hommes de peu de foi !... »

— M. Debouvry a fait preuve, dans ce tableau, d'une entente de composition au-dessus de tout éloge.

Le disciple qui se cramponne au-devant de la barque et se retourne vers le Christ, est d'une énergique vérité de pose et d'expression. Celui qui, vu de dos, semble près de tomber à la mer, est aussi fort remarquable de mouvement et de caractère. — C'est une œuvre d'un grand style ; une belle scène d'épouvante.

— Le *Martyre de sainte Cécile*, par le même auteur, est inférieur à cette page sous tous les rapports.

XX.

Saint Leu guérissant un enfant malade, est une œuvre d'un style extrêmement pieux, d'une entente de composition très-heureuse, d'un dessin pur et d'une couleur excellente.

La mère qui se jette aux pieds du saint prélat et lui demande avec instance la guérison de son fils, est d'une expression à rendre jaloux plus d'un prétendu maître. L'enfant qu'elle porte dans ses bras est dans un état visible de maladie, qui fait présager sa mort prochaine. L'abandon de ce corps est total : cette petite figure est parfaitement comprise.

Le Saint, paré de ses riches ornements pontificaux, se rend à la prière de cette femme; il fait à son fils l'imposition des mains, et demande à Dieu la santé de cette frêle créature. — Le miracle s'opère!

Cette œuvre, le début de M. Eugène Goyet, donne pour son avenir les plus riches espérances, car elle prouve que ce jeune artiste possède ce que l'on ne peut acquérir par l'étude, l'intelligence vraie de la peinture religieuse.

XXI.

Madame Laure DE LÉOMÉNIL nous offre une de ces pages que les dames seules ont le don de composer avec naturel, et de rendre avec grâce. Son *Ange recueillant les larmes du repentir,* est une œuvre attrayante et morale, qui ne fait pas moins d'honneur aux sentiments de la femme qu'au talent de l'artiste.

J'aurais désiré plus de finesse dans les traits de cette créature céleste, et plus de goût dans certains détails du tableau; mais l'attention scrupuleuse avec laquelle le bon ange reçoit, dans ses mains entr'ouvertes, les pleurs de la contrition, est si bien comprise et si bien exprimée, que je n'ai pas le courage de critiquer ici des défauts sans importance.

Le dessin des figures est correct, et la couleur d'une fermeté que n'ont pas d'ordinaire les tableaux peints par des dames. Quant aux draperies, elles sont d'un arrangement gracieux; les plis en sont bien étudiés et l'ampleur religieuse.

C'est une belle peinture dont la vue ne peut qu'entretenir la ferveur des âmes vertueuses. — Que peut-on exiger de plus?

— M. DULONG retrace à nos yeux la double vision qui, plusieurs fois, vint consoler *Jeanne d'Arc* dans sa captivité. Mais *sainte Catherine* et *sainte Marguerite*, sous les traits de deux gentilles grisettes, ne se font reconnaître, dans ce tableau, que par les attributs qui leur sont propres.

Ces deux jeunes filles, vêtues avec une sorte de coquetterie décente, sont placées l'une à droite et l'autre à gauche de la scène. L'héroïne de Vaucouleurs, assise au milieu d'elles, prête une oreille confiante aux consolations que lui prodigue sainte Catherine, placée à sa gauche.

Le rôle de sainte Marguerite, bien qu'il soit muet, ne manque pas d'expression. Sa main, délicatement posée sur le bras de Jeanne d'Arc, annonce qu'elle a déjà pris, ou qu'elle va prendre part à l'acte d'encouragement et de consolation que la *Notice* nous signale.

Cette page était d'une exécution difficile, et, tout en blâmant le choix d'un sujet pareil, je dois féliciter le peintre de la manière heureuse dont, — à part le style, — son art a pu la rendre.

Le dessin des figures est d'une grande pureté; la couleur est chaude et vivante, et la lumière céleste qui inonde la toile est d'un effet admirable. — Cependant c'est un tableau qui n'est ni historique par le fond, ni religieux par la forme.

— M. Lafon a tiré son sujet d'une idée aussi fausse que malheureuse.

« Un ange présente à l'Enfant-Jésus la couronne d'épines « en même temps qu'il donne aux enfants des hommes des « rameaux d'épines fleuries. »

Voilà le titre *textuel* que l'auteur a fait pour son œuvre.

Examinons la *donnée* avant de nous occuper de l'art.

L'enfance de *l'Homme-Dieu* n'a-t-elle pas été ce qu'est toujours l'enfance du prolétaire ? Né parmi les fils du peuple, Jésus en a partagé les peines et la misère ; mais il n'a véritablement souffert qu'à l'âge auquel il a commencé son œuvre d'affranchissement ou de rédemption. Jusqu'alors il n'avait été malheureux sur terre que parce qu'il était homme et fils de parents pauvres. La persécution d'Hérode même, à laquelle il put se soustraire par sa retraite en Égypte, fut plus cruelle encore pour les enfants de son âge qui, presque tous, en furent les victimes.

Les dons de votre ange, M. Lafon, n'étaient donc pas meilleurs pour les fils des hommes que pour l'Enfant-Jésus.

Quant à l'exécution de votre œuvre, elle ne rachète pas

la nullité du fond. Comment expliquerez-vous l'indifférence absolue de la Vierge aux peines de son enfant? — Elles ne les pressent pas, me répondrez vous. . — Pourquoi donc saint Joseph suspend-il son travail, en le regardant, lui, avec une expression de douleur?... — Avouez votre faute, Monsieur, et hâtez-vous de la faire oublier.

XXII.

La *Vierge* de WACHSMUT est, de ses quatre pages,
La seule où ma critique ait pu voir un défaut;
Mais procédons par ordre et blâmons, s'il le faut :
Ailleurs l'artiste aura sa part de nos suffrages.
— De cette *Assomption* l'ensemble est-il pieux?...
De la figure enfin quel est le caractère?
Est-ce l'ange affranchi des liens de la terre?
Est-ce l'âme qui vole aux cieux?...

Non, c'est l'être charnel, un corps sans poésie,
Une femme aux pieds lourds, aux rustiques appas;
Voyez-la dans les airs, elle ne monte pas!...
— C'est de l'art vaporeux mêlé de bourgeoisie.

— L'auteur a, sans modèle et presque à son insu,
Produit en *quinze jours* cette œuvre capitale...
— Mais qu'importe au public?... il voit ce qu'on étale...
Il croit qu'avant de *peindre* on a du moins *conçu*.

— Ribera, dans sa toile, a fait preuve d'étude,
Mais son *Assomption* paraît plus lourde encor;
Sa Vierge, vers les cieux, n'a pas le moindre essor...
L'ange qui la soutient est plein de lassitude :
Il n'accomplira pas son pénible trajet,
Du précieux fardeau déjà le poids l'entraîne!...
— L'artiste n'a rien vu sous l'enveloppe humaine;
Son matérialisme a trahi le sujet.

XXIII.

Les pages de Gigoux, plus savantes que vives,
Offrent, de prime abord, des teintes maladives
Qu'on blâme, sans souci d'un mérite réel...
— Sous un nouvel aspect dès qu'un talent s'annonce,
On détourne les yeux... la sottise prononce,
Et son arrêt est sans appel!

Quant à nous, flétrissons cet aveugle anathème!
Si le peintre s'égare en cherchant la couleur,
S'il a parfois des tons méconnu la valeur,
Ne lui déclarons pas des guerres de système!
Préconisons le *beau*, signalons les *travers*,
Et le *vrai* prévaudra... La raison nous l'atteste.
L'exemple dégrossit et le temps fait le reste;
Tout est progrès dans l'univers.

— La vierge que Paris adopta pour patronne,
Geneviève, GIGOUX, n'a pas à ta couronne
Ajouté les rayons d'un diamant nouveau;
Mais que de qualités dans ta *Sainte Martyre!*
Amour, pudeur et foi, tout parle, tout respire,
Tout est drame dans ce tableau!

XXIV.

RISS a pour contingent deux pages de commande.
— Ici *Vincent de Paul* qui, par compassion,
Prend les fers d'un forçat, se fait sa caution,
Et, pour cet homme, obtient la grâce qu'il demande;

— Là, *Sainte Madeleine* arrosant de ses pleurs
Les pieds de ce Jésus qui fait miséricorde...
— Admirable tableau, que le Ministre accorde
Aux protégés du bagne, assassins et voleurs:
— Tableau désespérant pour des milliers de frères
Qui savent qu'aujourd'hui les fers ne sont rompus
Aux pieds, aux bras, au cou des martyrs populaires,
Qu'autant qu'ils furent corrompus !...

— L'affreux galérien !... Sous les cieux, je le jure,
On n'a pas rencontré plus atroce figure ! —
L'artiste nous a peint quelque type d'enfer,
Un être en qui Vincent n'aurait jamais pu croire,
Un misérable né pour le réquisitoire...
Cet homme est le crime fait chair !

— *Madeleine,* à genoux, repentante, brisée,
A, dans l'œuvre de Riss, la face bien rosée;
De sa contrition les dehors sont douteux...
Ce *Christ* efféminé tient trop du petit-maître;
C'est un commis-marchand orgueilleux de son être,
C'est un front vide et vaniteux.

XXV.

La *Vierge de douleur,* sur un lit de parade,
Au milieu d'un concours d'apôtres attristés,
Vient d'exhaler son âme... On pleure à ses côtés...
— Admirez, avec moi, l'œuvre de Caminade!
Ici point de vain bruit : ces regrets sont pieux ;
Ces larmes de la foi n'ont point de source amère...
En contemplant ce corps, on se montre les cieux
Où Jésus vient enfin de rappeler sa mère,
Et l'espérance alors étouffe les sanglots!...
— Cette page savante et largement comprise
Aux critiques mondains n'offre que peu de prise,
Et passionne les dévots.

XXVI.

Cette *Vierge à l'Enfant* que peignit Romain Cazes
Dénote un mercantisme insouciant et froid.
L'auteur, quoi qu'il ait fait, n'a jamais eu d'extases;
Il n'est jamais sorti d'un prosaïsme étroit.

— Cette mère, à vrai dire, est d'un type vulgaire,
Sa pose et son maintien sont trop prétentieux ;
Elle n'a rien de saint, rien qui parle des cieux,
Elle est gauche et paraît désireuse de plaire.
L'enfant, ainsi tourné, rappelle ces acteurs
Qui, passant du maillot aux planches d'un théâtre,
Vont, après un *bon tour,* d'un œil opiniâtre
Mendier les *bravos* de tous les spectateurs.

— Le peintre, cependant, est riche de science,
Il possède le *faire* et les secrets de l'art,
Mais il n'a pas toujours assez de conscience ;
Quand l'intérêt l'entraîne, il enfante au hasard.

XXVII.

BIGAND nous offre ici *Saint Paul* et *Saint Antoine ;*
— C'est le premier ermite aux pieds du premier moine. —
Au seuil d'une caverne, humblement prosterné,
Saint Paul demande asile au vieillard solitaire
Qu'il doit ensevelir et déposer en terre,
Dès que son heure aura sonné.

Quiconque met l'*esprit* au-dessus de l'*écorce*
Trouve ici du talent, de l'âme, de la force,
Et, sauf quelque rudesse, un pinceau large et sûr;
Dans cette œuvre le cœur a tenu lieu de verve...
— BIGAND, dès que ton art se maîtrise et s'observe,
Tu restes grave et deviens pur.

— De ce bon *capucin* j'admire l'attitude;
Il s'est fait de son livre une sainte habitude,
Il médite avec foi sur ce texte profond...
Le type de ses traits est d'un beau caractère,
Et l'antique eut souvent un style moins austère
Que la structure de ce front!

XXVIII.

Le *Saint Jean* de MARQUIS a l'aspect du modèle,
Sa barbe de sapeur, sa coiffure et ses yeux...
Ce grand aigle qui plane atteindrait d'un coup d'aile
Et le front de l'apôtre et la voûte des cieux;
De cette page étroite il encombre l'espace...
Mais, à part ces défauts que plus d'un censeur passe,

L'ensemble a le cachet de l'inspiration...
L'ardent évangéliste est puissant de facture,
Il dénote un talent riche de sa nature,
Intelligent, sévère et sans prétention.

XXIX.

M. Perlet a emprunté à l'Évangile un sujet dont l'interprétation doit paraître amphibologique dans un siècle où, d'un côté, les *Communistes* déclarent une guerre ouverte aux possesseurs, tandis que, de l'autre, certains gouvernants se font un jeu de violer la Charte au profit de leurs calculs dynastiques ou de leur intérêt personnel.

Voici le texte dont le peintre s'est inspiré :

« Jésus passait le long des blés un jour de sabbat, et ses disciples ayant faim se mirent à rompre des épis et à les manger ; — ce que les Pharisiens voyant, ils lui dirent : « Voilà vos disciples qui font ce qu'il n'est point permis de faire. Mais il leur répondit : — N'avez-vous point lu que les prêtres violent le sabbat dans le temple et ne sont pas néanmoins coupables ? »

Quelle moralité devons-nous tirer de cette page ? Les *Communistes* répondront : — « Cette parabole signifie que la terre et ses fruits appartiennent à tous ; » — et de puissants possesseurs, expliquant l'allégorie au profit de leur égoïsme, diront : — « Il est des lois qui n'enchaînent que le peuple ; — un gouvernement peut violer la charte *sans néanmoins être coupable!* »

Quelle interprétation le public doit-il admettre de préférence?... – C'est une question à laquelle certaines lois me défendent de répondre.

En résumé, le sujet n'est pas très-heureux ; et dans l'évangile surtout, M. Perlet aurait pu mieux choisir ; — mais avait-il la liberté du choix ?... Ce tableau, si j'en crois le *Livret* de l'exposition, n'appartient pas à son auteur.

Quant à l'œuvre considérée sous le rapport de la mise en scène et de l'exécution, nous devons des encouragements à l'artiste ; il a fait de sensibles progrès depuis son exposition dernière. La composition de cette page est bien entendue ; les personnages sont dans le caractère du sujet ; cependant la figure du *Christ* discutant avec les docteurs, manque de noblesse et d'expression. Jésus a plus l'air d'un sophiste embarrassé que d'un homme fort de sa doctrine et certain de la puissance irrésistible de ses arguments.

— Le *Rêve de Raphaël*, par M. Boisselat, est une jolie composition que je ne puis, sans injustice, passer sous silence. La couleur en est ferme et vivante, le dessin correct et hardi, l'aspect d'une harmonie attrayante ; cependant, la *Vierge*, l'*Enfant-Jésus*, le *Saint-Jean-Baptiste* et l'*Ange* indicateur, n'étant ici qu'une vision du peintre, devaient prendre une forme moins accusée, et rester – le groupe surtout — dans une demi-teinte vaporeuse et mystérieusement indécise. Je ne crois pas qu'une *apparition* traduite avec des tons vigoureux et des contours nettement arrêtés, soit dans les conditions de notre époque. La raison repousse une invraisemblance matérielle ; tandis qu'elle admet assez volontiers le *merveilleux* discrètement indiqué ; car alors l'imagination du spectateur ayant à chercher une forme dans le vague, s'habitue à la vision dont elle se fait l'interprète.

La figure du peintre est bien assise. Il y a de l'abandon dans son sommeil, et l'on devine par l'expression de ses traits une sorte de béatitude intime, qui complète délicatement l'idée de son rêve.

— Le *Saint-Roch* de M. Octave ROLAND est un tableau d'un beau style, d'un dessin pur et d'une couleur puissante. Il y a de la piété franche et résignée dans cette figure à genoux, et beaucoup de vérité dans l'aspect du cachot, où le saint homme vient d'être enfermé comme espion.

L'inséparable compagnon du prisonnier de Montpellier n'a pas les mêmes droits à mes éloges. Les attributs de saint Roch sont connus ; le bourdon de voyage aurait suffi ; pourquoi ne pas nous avoir fait grâce du chien ?

BATAILLES ET COMBATS.

Aujourd'hui que nos *Dieux* ont horreur de la guerre ;
Quand des fûts destinés à cracher le tonnerre
Sont frappés de mutisme ou n'élèvent la voix
Qu'à propos de baptême ou de fête de rois ;
Quand une indigne paix fait tache à notre histoire,
Mal venus sont les arts qui s'inspirent de gloire !
Nos peintres de combats deviennent traficants,
Et, faute de sujets, ils désertent les camps !...

I.

Artistes affamés d'exploits et de vaillance,
L'Afrique est aujourd'hui votre unique espérance.
Nous n'avons que ce champ où glaner des succès :
C'est le seul point du monde où nous soyons Français !...

Bellangé l'a senti ; dans sa verve bouillante,
Au col de *Mouzaïa*, sous la foudre tonnante,

Il suivait, par l'esprit, nos valeureux soldats;
— On se ruait alors à de sanglants combats !
Zouaves, — Tirailleurs, — **Changarnier** l'intrépide
Grimpaient, comme le feu, sur la pente rapide,
Et, s'accrochant des mains aux derniers mamelons,
Sur le front de l'Atlas imprimaient leurs talons!...
— Ici l'artiste rend la scène tout entière ;
Au flanc d'un mont abrupte on voit Lamoricière,
Qui, mille fois, vainquit la mort en la bravant,
Pousser ce cri français : — Zouaves, en avant!
Et, docile à sa voix, l'invincible phalange
Bondit sur les rochers, frappe, tombe ou se venge!...
L'ennemi, culbuté dans ses retranchements,
Oppose en vain sa rage à nos détachements ;
Duvivier, d'**Houdetot**, d'**Orléans** qui commande
Arrivent à la fois et dispersent la bande!
Les Arabes surpris font d'impuissants efforts
Pour soustraire au vainqueur leurs blessés et leurs morts,
L'assaillant les poursuit, les presse, les balaie,
Comme un troupeau de daims qu'une avalanche effraie!
Le drapeau tricolore a vaincu le croissant...
Les ravins sont comblés de burnous teints de sang!
— **Bellangé** dans sa page est resté patriote.
Il annexe aujourd'hui cette éclatante note

Au texte dédaigné des protestations...
Il atteste, à nos yeux, qu'au rang des nations
Les Rois européens doivent compter la France,
Ou trembler, si parfois on la tient à l'écart,
Que le poid de son fer n'entraîne la balance !...
— Le peintre a bien compris la mission de l'art.

II.

Passons du mont Atlas aux glaces de Russie !
C'est devant *Krasnoë* que nous conduit LANGLOIS.
— L'arrière-garde est là, défaillante et transie,
Qui défend un lambeau de l'Empire aux abois.
Un homme qui jamais n'accepta la défaite,
Celui dont la mort fut un lâche assassinat,
Le brave Michel NEY commande la retraite...
— Le plomb russe le laisse aux balles du Sénat !

Voyez de ce héros la valeur surhumaine !
Il se taille une route à travers l'ennemi,
Franchit sur des glaçons les eaux du Borysthène
Et sauve des traînards déjà morts à demi !

— Cet admirable fait revit dans la peinture
Avec toute sa fougue et toute son ampleur ;
L'artiste fut soldat, il peint d'après nature...
Mais son cœur est hélas! plus chaud que sa couleur.

III.

Ici, de *Mons-en-Puelle* on trouve la bataille.
— Ce guerrier de carton, qui, d'estoc et de taille
Embroche, sabre, abat des Flamands lourds et froids,
C'est Philippe-le-Bel sur un coursier de bois.
Des mannequins bardés de pesantes cuirasses
S'engouffrent pêle-mêle au fond de ces crevasses
Dont l'auteur a partout déchiré le terrain...
De grands jouets d'enfant, le casse-tête en main,
S'entre-choquent, là-bas, et font cette mêlée...
Voilà tout le tableau..... Ce *chef-d'œuvre* a, d'emblée,
— J'ignore si c'est droit, — ironie, — ou bonheur, —
Obtenu dans le Louvre une place d'honneur!

— Que dire d'un chaos de corps et de ferrailles ?
Larivière a brossé, comme on peint pour Versailles,

Sans inspiration, froidement, au hasard...
Il a fait du métier, sans respect pour son art.

IV.

D'*Aubervilliers* du moins l'héroïque défense
Embrasa mieux ta verve, Eugène CHARPENTIER ;
L'œil trouve dans ta page un drame tout entier...
— C'est un trait qui d'ailleurs paraît de circonstance.
Il prouve, Gouvernants, qu'en cas d'invasions,
Ce peuple des faubourgs, dont parfois on se raille,
Offrirait un rempart plus sûr que vos muraille,
Tours et fortifications !

Ce tableau, reproduit par un artiste habile,
Obtiendrait, en gravure, un immense succès...
Bien qu'il laisse gaîment embastiller sa ville,
Paris aime toujours qu'on l'appelle FRANÇAIS.

Si la Liste Civile fait, comme on le prétend, ses marchés de tableaux historiques à la toise et au rabais, il faut convenir que, de leur côté, la plupart de ses peintres privilégiés ne lui en donnent que pour son argent.

Choisissez, au Salon, les toiles les plus froides, les plus lourdes et les plus grossièrement peintes; prenez celles qui valent moins, cent fois moins qu'une esquisse, et cherchez au Livret, — vous verrez que tout cet affreux badigeonnage appartient à la *Maison du Roi*.

— Voyez la *Bataille de Raab* et la *Prise de Patras*, par M. Hippolyte Lecomte !... On peut, sans inconvénient, échanger les numéros des deux toiles et appliquer à l'une de ces pages la notice faite pour l'autre, tant la composition est étrangère au sujet.

Ici, quelques personnages, grotesquement coiffés d'un turban, sont censés représenter les Autorités de *Patras*; un commandant en chef, qui n'a du général Maison que les épaulettes à gros grains, s'entretient avec ces prétendus dignitaires; ajoutez à ce groupe, deux ou trois officiers d'état-major et un troupeau de bœufs, paissant pêle-mêle parmi ces guerriers, vous aurez une idée exacte du tableau.

Voilà comme on peint l'histoire officielle.

— La *Bataille d'Ascalon*, de M. Lafaye, est de la même famille; ce n'est qu'un tourbillon d'hommes, de chevaux, de flèches, de boucliers et d'armures; de l'exagération partout, de la vérité nulle part. Mais au moins y trouvons-nous du mouvement et de la couleur.

— Le *Combat du Sig* (Afrique) est une œuvre qui, bien qu'appartenant à la Liste Civile, a été peinte par M. BEAUME avec autant de conscience que de talent. L'artiste a compris qu'un peintre n'a pas d'intérêt plus exigeant à servir que celui de sa réputation, et, plein de cette pensée, la seule qui puisse encore enfanter des chefs-d'œuvre, il a oublié la modique somme d'argent qui lui était dévolue pour ne s'occuper que de sa gloire. Si cette œuvre n'ajoute pas un fleuron bien éclatant à la couronne artistique de M. BEAUME, elle ne peut du moins y faire tache, et c'est beaucoup dire lorsqu'il s'agit d'une page commandée pour Versailles.

L'auteur a su rendre avec bonheur tout le mouvement, toute la chaleur d'une mêlée qui, si l'on en croit le rapport du maréchal Clausel, dut être terrible.

— La *Reddition d'Ascalon* est une toile que nous devons aussi distinguer de la foule. M. Sébastien CORNU, son auteur, a tiré bon parti d'un sujet naturellement froid, et jeté de l'intérêt dans une scène qui n'en promettait guère.

Baudouin III, environné de barons et de prélats, reçoit sous sa tente les députés musulmans qui, dans une attitude suppliante, acceptent la capitulation proposée. Tandis que les chrétiens s'abandonnent aux transports d'une joie inattendue, leur chef, appuyé sur sa longue épée, dissimule sa surprise et garde, en présence des émirs, une gravité aussi majestueuse que fière.

Sa pose est un peu théâtrale, et tout son maintien a bien quelque raideur, mais ce personnage était difficile à rendre, et l'on doit féliciter l'artiste sur le talent avec lequel il a rempli sa tâche. — Le vieillard et le nègre qui le soutient sont deux figures d'un caractère et d'une expression au-dessus de tout éloge. Le guerrier placé derrière eux n'est pas moins bien compris : il va rendre son épée, mais sa soumission est loin d'être volontaire, car son regard trahit de l'étonnement et de la haine.

La composition de cette œuvre est bien entendue, le dessin en est correct, et la couleur, bien qu'un peu sèche, ne manque pas de puissance.

— Le *Combat d'Ostrowno*, de Benjamin Raynaud, mérite une place honorable. Ce tableau, qui appartient encore à son auteur, dénote une grande intelligence du mouvement et une vigueur de coloris remarquable. C'est une page enfin qui, bien que dédaignée par nos maîtres en critique, surpasse de tous points la plupart des toiles qu'ils nous vantent.

Vous verrez que M. de Montalivet ne l'achètera pas !

COMPOSITIONS DIVERSES.

I.

Là, devant Marignan, sur le champ de bataille,
Un brave atteint au front d'une profonde entaille,
Charles de la Trémoïlle expire jeune encor!
Un moine-prêtre accourt, et, d'un ciboire d'or,
Tirant avec respect la sainte Eucharistie,
Au moribond absous va présenter l'hostie

Tout à son ministère et calme dans un lieu
Que laboure en sifflant la mitraille homicide,
Le vieillard semble ici ne plus vivre qu'en Dieu;
Sa charité lui sert de cuirasse et d'égide.
Mais du bronze en courroux le bruit perpétuel
Émeut profondément l'enfant porte-missel;
Ses yeux brillants d'effroi suivent cette autre scène,
L'ardente fusillade absorbe son esprit...
Il n'est là que de corps; son regard court la plaine,
Épelant un arrêt que le carnage écrit!

L'écuyer du mourant sur son bras le soulève
En donnant une larme à son noble trépas ;
Sans se préoccuper du combat qui s'achève,
Il cherche un battement que sa main ne sent pas...
Le cœur de la Trémoïlle est muet sous l'armure !
Un nuage éternel s'épaissit sur ses yeux...
Le sang qui ruisselait de sa large blessure,
S'arrête en se figeant... Son âme est dans les cieux !...

— Ce drame s'accomplit derrière une embuscade
Où l'assaillant a dû moissonner bien des corps ;
Ses boulets ont partout rongé la palissade...
Partout les pieux restants sont teints du sang des morts !

— Cette page dénote une verve puissante ;
Elle atteste, Jacquand, de l'étude et de l'art.
Il n'est rien de plus beau que ce front de vieillard ;
C'est le type incarné d'une piété fervente.
A part quelques défauts dans la proportion,
Ton œuvre a dignement agrandi ta carrière ;
C'est un brillant essai, facile de manière
Et large de conception.

II.

L'ombre régnait sur la terre et sur l'onde,
Notre hémisphère était voilé de noir;
Elle étouffait cette moitié du monde,
Comme un flambeau, sous son vaste éteignoir.
Mais, regardez! .. l'horizon se colore!
Je vois là bas l'étoile du matin
Qui n'offre plus qu'un reflet argentin...
   La *Nuit* s'enfuit devant l'*Aurore*!
Déjà le jour a de mille rayons
   Troué sa robe vaporeuse,
   Et la déesse ténébreuse
De ses doigts fins en retient les haillons...
Sa chevelure ondoyante et mouillée
   S'égoutte au front des matelots...
Le soleil vient... la belle dépouillée
   Va se replonger dans les flots!...

Ton œuvre, BONNEGRACE, est de large peinture;
Ce foyer lumineux qui chasse la figure

Active bien son vol au-dessus de la mer ;
Ton art a combiné le mouvement et l'air
Avec un franc succès qui tient de la magie ;
Mais pourquoi retourner à la Mythologie?
Pourquoi singer l'Empire?... Il faut dorénavant
Lâcher bride à ta verve et courir en avant!

III.

De ce couple amoureux que nous offre Decaisne
L'amant, il faut le dire, a peu d'expression ;
Rien ne dénote en lui la tendre passion
Qui doit lui causer tant de peine.
Mais, là, que de pudeur!... quel amour infini!...
Quel trouble virginal et quelle intime ivresse!...
Jamais femme n'a mieux exprimé la tendresse
Que *Françoise de Rimini*!

De ce livre attachant sa jeune âme repue
S'abandonne sans crainte au doux plaisir d'aimer ;
Elle est entre les bras de qui sut la charmer,
La lecture est interrompue.....

— Que ce groupe est pour moi d'un talent gracieux !
A part quelque mollesse et des contours timides,
C'est un chef-d'œuvre pur que cent âmes avides
Ont mille fois baisé des yeux !

IV.

Non loin d'un temple grec, sous un épais ombrage,
Homère s'est assis, une lyre à la main ;
Ses chants ont attiré les hôtes du rivage,
Des moissonneurs font halte au milieu du chemin ;
Un magique pouvoir les charme et les captive...
Chacun prête au poëte une oreille attentive :
Des femmes, un guerrier, des enfants, des vieillards
Savourent les accents de ce chantre sublime !
Tout s'émeut à sa voix : l'arbre incline sa cime ;
L'oiseau même interrompt ses concerts babillards !

Dans sa page Leloir exprime avec adresse
Le triomphe d'Homère et ses divins transports,
Il a bien dessiné la charpente des corps,
Mais l'aspect de l'ensemble est gris de sécheresse.

En résumé sa toile a droit à des honneurs
Que l'on a trop souvent jetés, vaille que vaille...
Jamais tableau n'a mieux mérité la médaille
Que ce groupe de moissonneurs.

— Les enfants d'Israël *Captifs à Babylone*
Sont largement compris dans l'œuvre de Joyard.
C'est un jet merveilleux d'intelligence et d'art
Qui surpasse en tout points des pages que l'on prône.
La gravité du style atteste du savoir...
De tout peuple exilé voilà bien l'attitude!
C'est l'esclave traînant sa lourde servitude,
C'est l'homme en tête à tête avec le désespoir!

— L'œuvre que Galimard tira de l'Odyssée,
Nausicaa chantant au milieu de sa cour,
Est peinte trop à froid pour un sujet d'amour...
Cette page savante est grise et compassée.
A force d'épurer, de lécher, de polir,
L'auteur minutieux énerve sa peinture...
Oui, son *faire* tient trop de la miniature;
L'excès de soin l'a fait faillir.

Mais, à part le défaut que ma critique observe,
L'entente et le dessin méritent notre encens.
— Courage, GALIMARD ! n'attiédis pas ta verve,
Sache rester correct et peins comme tu sens !

V.

Le talent de BARKER appelle nos suffrages.
Aussi souple que riche, aussi pur que fécond,
Son pinceau, cette fois, a produit quatre pages,
Qui toutes sont, pour nous, d'un mérite profond...
Le *vrai* s'y montre beau de tous ses avantages;
La forme ajoute encore à l'intérêt du fond.

— Abordons le sujet que l'artiste préfère :
C'est un noir souvenir, une intime douleur,
Un drame palpitant d'amour et de malheur,
Qui porte le cachet d'un noble caractère.
C'est une œuvre où le cœur a surpassé l'esprit,
Un miroir attachant pour toute âme brisée...
— Mais, reprenons mes vers au livret du Musée,
Déroulons le tableau que ma Muse a décrit ;

C'est du chef-d'œuvre entier l'analyse fidèle;
Tout est strictement vrai, jusqu'au nom du modèle.

« Laure est là, sur son lit, comme un ange qui dort,
Viens couronner de fleurs ta jeune *fiancée!*
— Mais ses yeux sont éteints, sa poitrine est glacée....
Elle est épouse de la mort!

Pauvre amant, le trépas t'a ravi l'espérance!
Elle t'aimait dès l'aube, on t'éloigna le soir;
Ton départ pour son cœur fut comme un coup de lance!
Elle est morte de désespoir!

Des fleurs, des fleurs sur elle!... Orne sa blonde tête
De ces filles des bois aux modestes attraits;
Point de roses surtout, — ce sont des fleurs de fête, —
Des violettes, du cyprès!

Mais ne la pleure pas!... Elle avait trop de charmes
Pour vivre dans un monde ignorant du vrai beau;
Cet ange, prisonnier dans nos vallons de larmes,
Devient libre par le tombeau!... »

Le peintre nous a faits confidents de sa peine;
Auprès du lit où gît son amante, sa reine,
Laure dont les beaux yeux sont pour jamais éteints,
C'est lui qui pleure ainsi, la tête dans ses mains!

L'intelligent *Mentor*, — ce chien que doit connaître
Quiconque a de **Barker** admiré les tableaux, —
Mentor, qui tant de fois anima ses pinceaux,
Est resté, l'œil humide, aux genoux de son maître!
— Un sentiment exquis d'amour et de candeur
Se révèle partout dans cette page austère;
La Mort a déchiré le voile du mystère
Sans effaroucher la pudeur!

Voyez cette autre toile. — Un brillant garde-chasse
Est en lutte flagrante avec un *braconnier*.
— Des chapelets d'oiseaux, un cerf encore entier,
Garnissent la cabane où la scène se passe...
— Une femme s'élance entre les combattants,
Les deux bras étendus, tremblante, échevelée...
— Un chien de basse-cour prend part à la mêlée;
L'*autorité* se voit à ses derniers instants!

L'action de ce drame, ardente mais confuse,
Obtenait du public un véritable accueil;
Tout ce qui fait fracas le séduit et l'amuse...
Pour nous le pêle-mêle est toujours un écueil.

— Le tableau de *Gibier*, d'*Animaux* et d'*Armure*
Se distingue surtout par l'extrême fini ;
Si l'on veut de l'enfant supprimer la figure,
Cette page sera d'un mérite infini.

— La plus belle pourtant, après la *Fiancée*,
La plus riante à voir, celle à qui ton *métier*
Fait pardonner, BARKER, le manque de pensée,
C'est la *Marchande de gibier*.
Cette agaçante fille a le regard si tendre
Qu'il ne doit lui rester que peu de chose à vendre.
Elle éveille le cœur et fascine les yeux,
Sans paraître vouloir ni séduire, ni plaire...
— Ce tableau peut fournir un succès populaire
S'il a pour interprète un crayon gracieux.

VI.

Là, d'Auguste DEBAY voyez *les deux Amies !*
Traduisit-on jamais plus généreux transport?
— Interrogez des yeux les physionomies :
L'une c'est la vigueur, et l'autre c'est la mort !

Pour allaiter son fils, — car toutes deux sont mères, —
Tandis que l'une tend d'intarissables seins,
La mourante qui n'a que ses larmes amères,
Voit le sien, affamé, périr entre ses mains!
Dans cet épuisement son pauvre cœur se brise;
Elle voit sa compagne et convoite son lait...
Mère, par une mère elle est bientôt comprise :
Entre les deux enfants le partage se fait.

— Ici le nourrisson naguère si débile,
Aux baisers maternels est rendu vigoureux;
L'amie a, par les soins d'une tendresse habile,
Couronné de succès son acte généreux.
De quelle affection payer un tel office!
Est-il mère aujourd'hui qui, pour un étranger,
S'impose, sans calcul, un pareil sacrifice?...
L'amour est-il un bien qu'on veuille partager?

— Cette œuvre est, quant au fond, d'un mérite notoire,
Un sentiment exquis s'y révèle partout;
Mais ce double tableau paraît peint sur ivoire...
Il dénote, à mes yeux, plus d'âme que de goût.

LA VIERGE DE M. INGRES.

Quittons pour un instant les galeries du Louvre, traversons la Seine et pénétrons dans ce palais où dort l'Académie ! La foule se porte à l'Institut; c'est jour de fête !... — En effet, l'ex-directeur de l'école de Rome, qui, pour se soustraire à ce qu'il appelle les *injustices* de la critique, avait juré, dit-on, de ne plus exposer ses tableaux, M. Ingres ouvre au public les portes de son appartement, et lui permet, pour quelques jours, d'admirer un chef-d'œuvre que Saint-Pétersbourg attend avec des trépignements d'impatience.

Nous voici dans le sanctuaire. L'artiste lui-même en fait les honneurs : sa politesse a fait taire les scrupules de sa modestie. Quelle occasion pour les flatteurs de ce grand maître ! Il n'est pas d'exclamation que leur enthousiasme ne lui prodigue !... Ils l'enivrent, ils l'asphyxient de leur encens ! — « Cette œuvre, disent les uns, est la huitième merveille du monde... pour la voir un instant, on irait de Paris à Pétersbourg sans regretter les frais du voyage !... » — « M. Ingres, s'écrie un autre admirateur en s'adressant à M. Ingres lui-même, —

M. Ingres est le premier, le seul peintre du monde, auprès de lui Raphaël n'est qu'un pygmée !... »

Ce sont là de ces coups d'encensoir à briser une idole ! — Il serait imprudent d'articuler, aux oreilles de cette foule exaltée, la plus humble, la plus timide observation ; car, ici, le culte personnel tient du fanatisme, et la fièvre de l'engoûment va jusqu'à la frénésie. Cependant, après nous être prononcé librement sur les œuvres des peintres que l'on est convenu d'appeler *Coloristes*, il est de notre devoir de faire entendre aux *Ingristes* aussi la vérité tout entière.

Hâtons-nous donc de sortir d'un lieu à la porte duquel nous avons dû laisser notre franchise, et disons tout ce que nous pensons de la *Vierge à l'hostie!*

— Au centre d'une toile qui nous a paru être de 60, une vierge ayant les mains jointes et les yeux plutôt clos que baissés, est debout devant un simulacre d'autel composé d'une simple table fort étroite, et que bien des gens ont pu confondre avec la saillie de la bordure. Cet autel est orné d'un *petit* ciboire que surmonte une hostie, et de deux *petits* flambeaux dont je n'aurais assurément pas entretenu mes lecteurs, si je n'avais entendu quelqu'un les préférer sérieusement aux merveilles de Benvenuto Cellini !...

— Derrière la figure principale, dans un clair-obscur assez transparent, on aperçoit deux autres figures, l'une à droite et l'autre à gauche. Ce sont les patrons de la Russie, *saint Alexandre* portant un *petit* étendard et un *petit* bouclier, — de véritables jouets d'enfant, — et *saint Nicolas*, les mains pleines de boules d'or.

Ces deux têtes, parfaitement insignifiantes pour le sujet, ne sont ici qu'un double cachet local qui nous confirme la destination du tableau.

Ne parlons donc que de la Vierge! — La tête en est fort belle, très-pure de lignes, d'un modelé puissant et d'une couleur admirablement fondue, mais les yeux m'ont paru un peu trop distants l'un de l'autre. — Le sourire de cette figure est gracieux jusqu'à la coquetterie; et pourtant il exprime une sorte de dédain; — l'ensemble de la physionomie est à la fois angélique et profane. C'est une ravissante beauté qui, tout en priant Dieu, s'occupe de l'effet qu'elle veut produire. Elle étudie sa pose. — Le cou et les mains sont admirables; mais l'attitude est maniérée. — La draperie qui enveloppe le bras gauche n'a pas assez d'ampleur.

En résumé, de la science, beaucoup de science, — de grands progrès sous le rapport de la couleur, — mais pas la moindre inspiration !.....

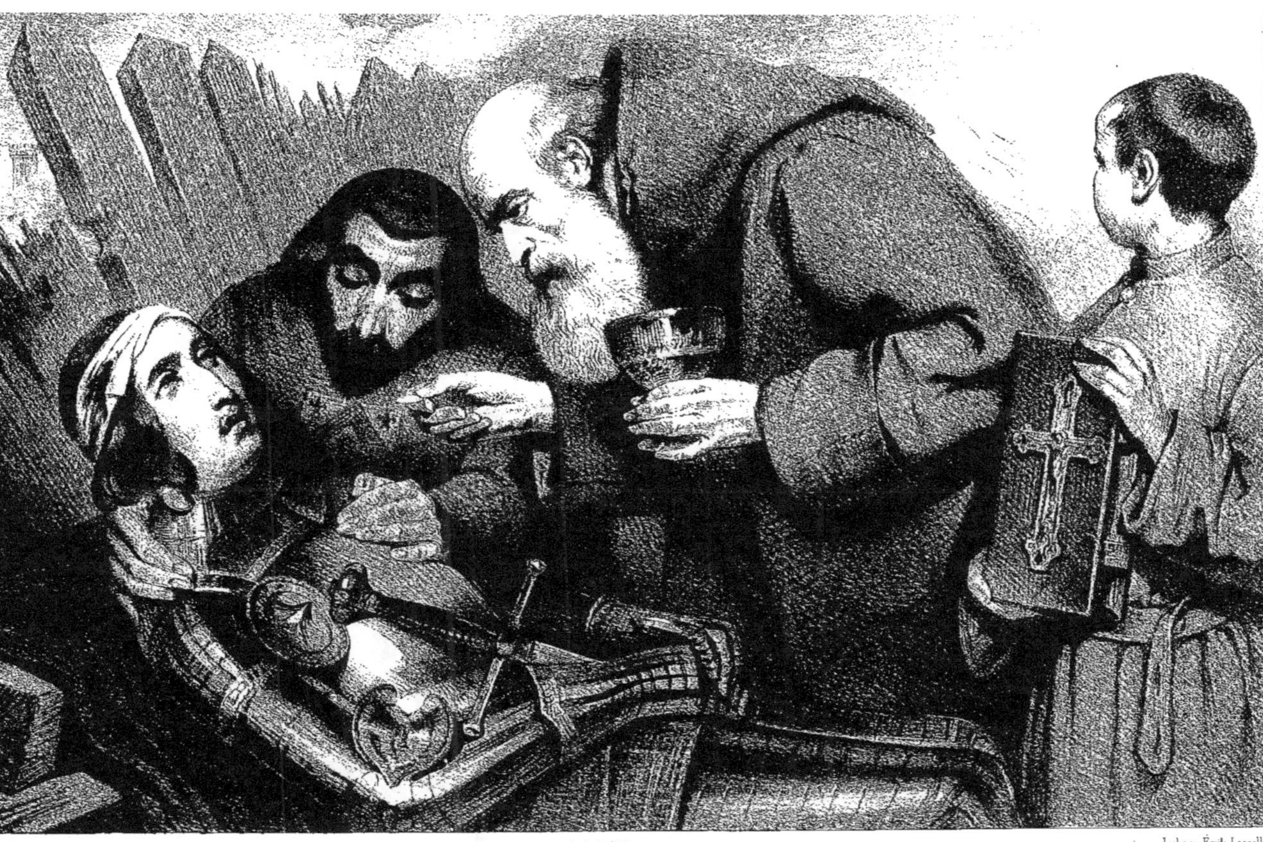

Peint par C. Jacquand — Lith. de P. Bineteau — Lith. par Émile Lassalle

CHARLES DE LA TRÉMOILLE,

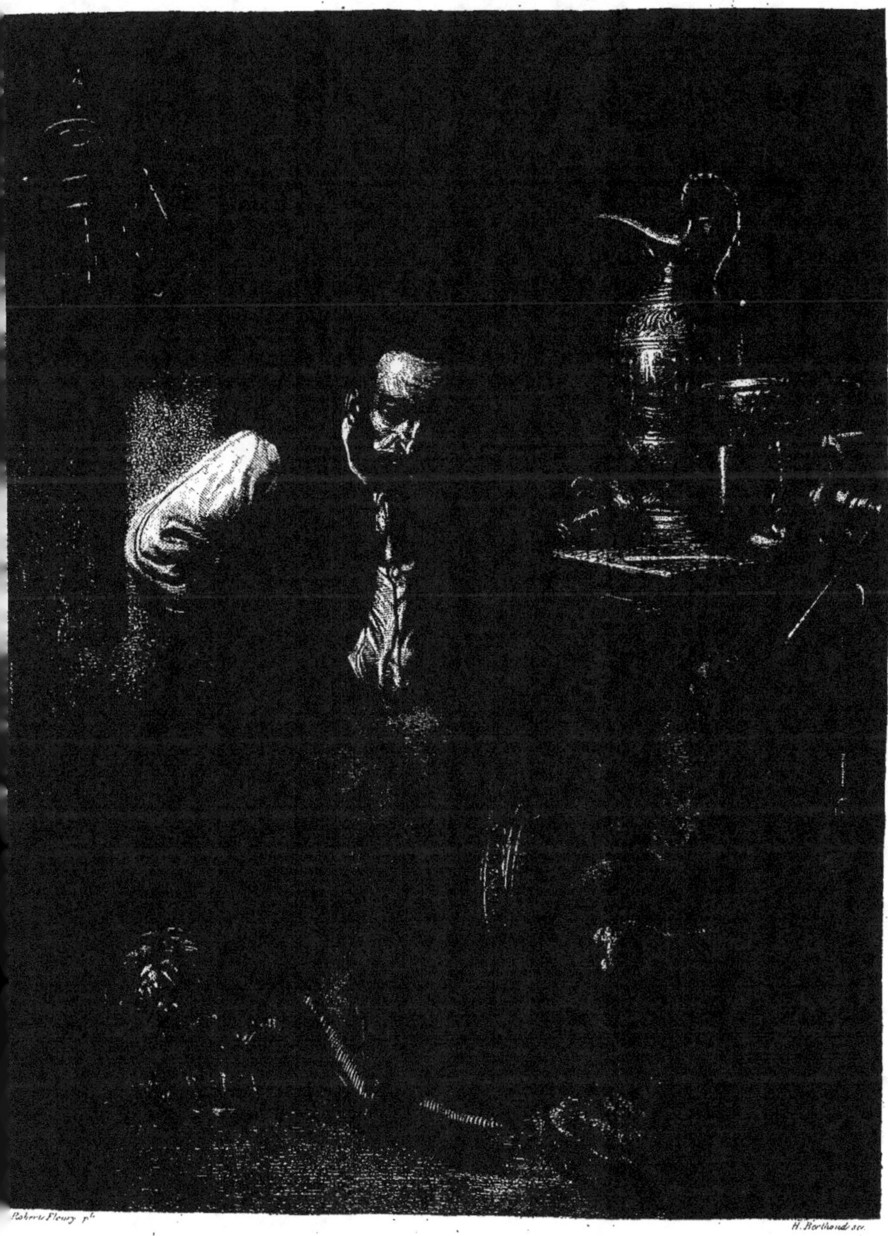

Robert Fleury p.^t H. Berthoud sc.

BENVENUTO CELLINI

dans son atelier

Ce tableau appartient à Lord Seymour

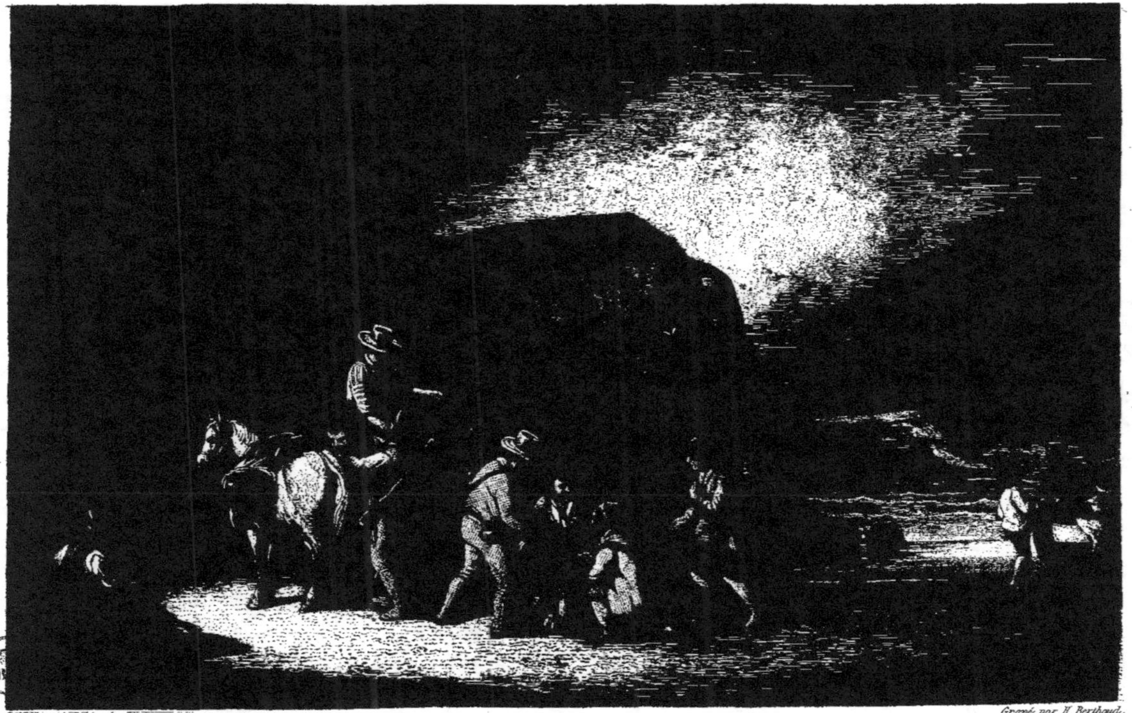

Peint par A. Delacroix. *Gravé par H. Berthoud.*

LES CONTREBANDIERS (ANGLETERRE).

Imp.rie de Chardon J.ne et Giraudet.

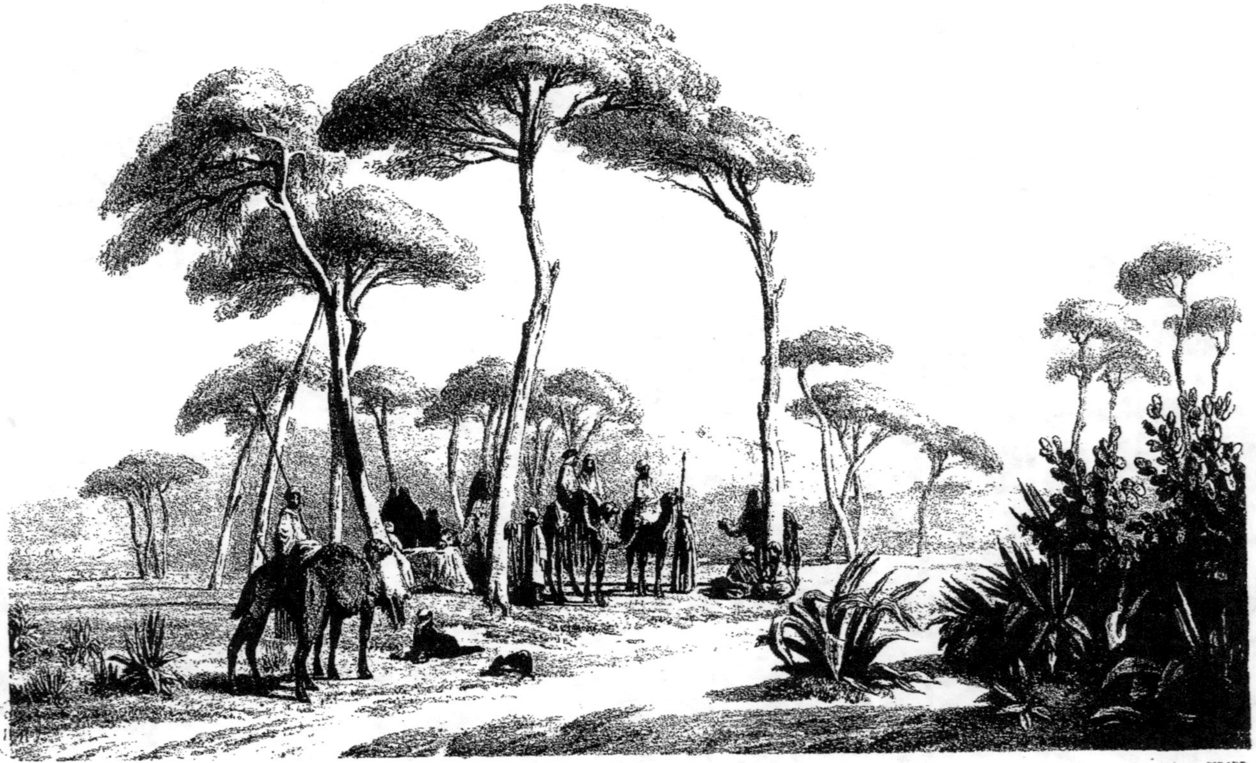

Peint par MARILHAT

Lith. Formentin & Cie

Lith. par GIRARD

ENVIRONS DE BEYROUTH (Syrie)

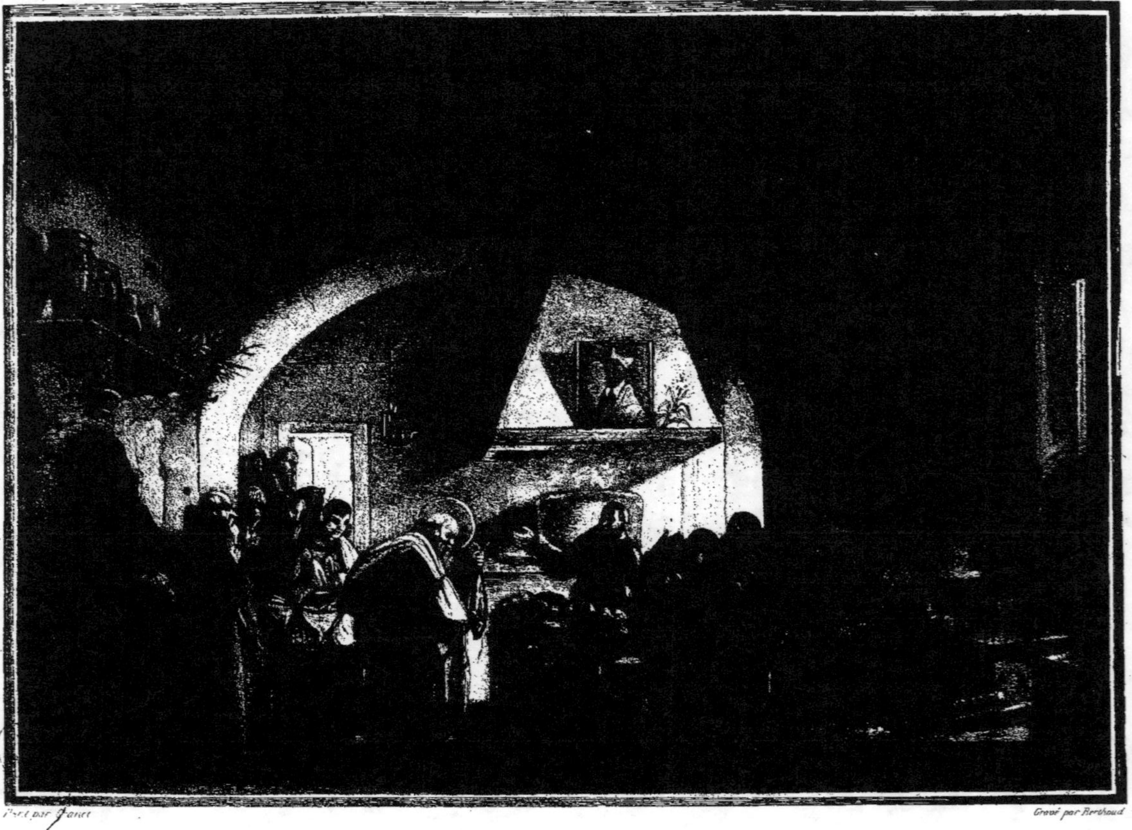

Peint par Janet

Gravé par Berthoud

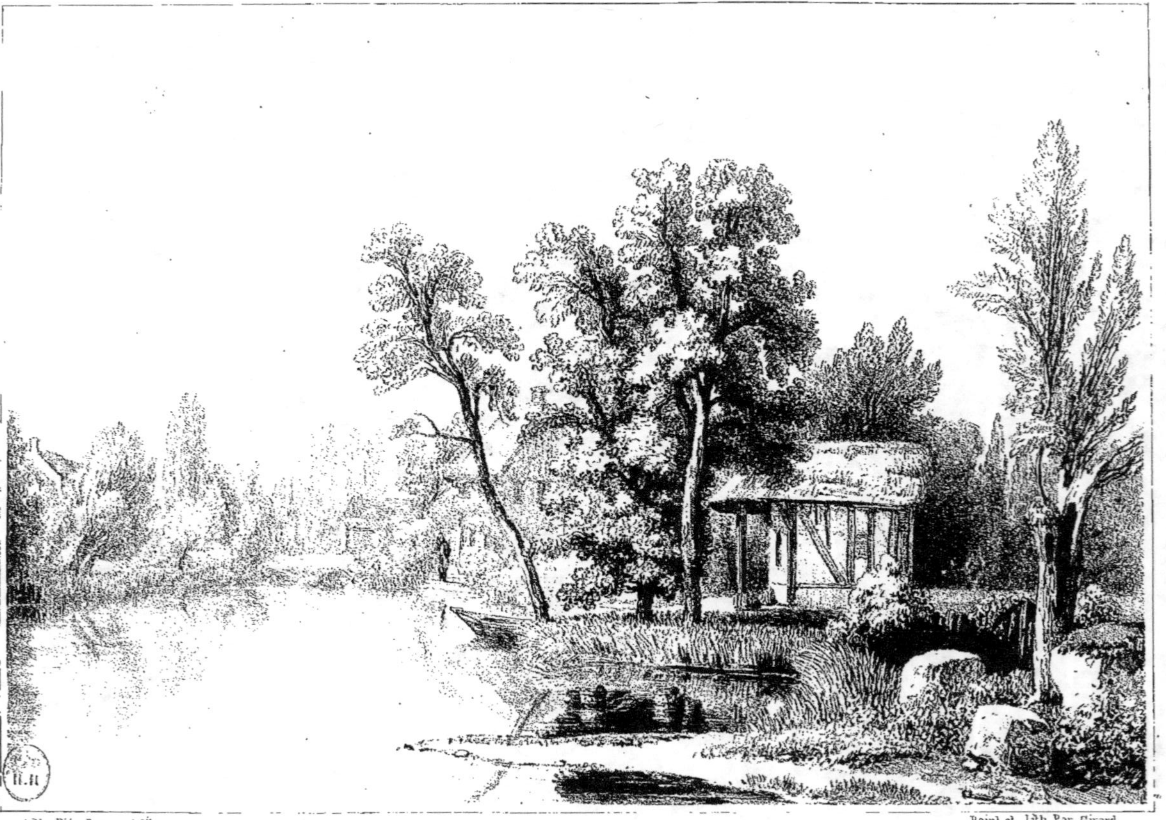

Lith. Rigo Frères et Cie. — Peint et Lith. Par Girard.

PAYSAGE EN NORMANDIE.

REVUE POËTIQUE DU SALON DE 1841.

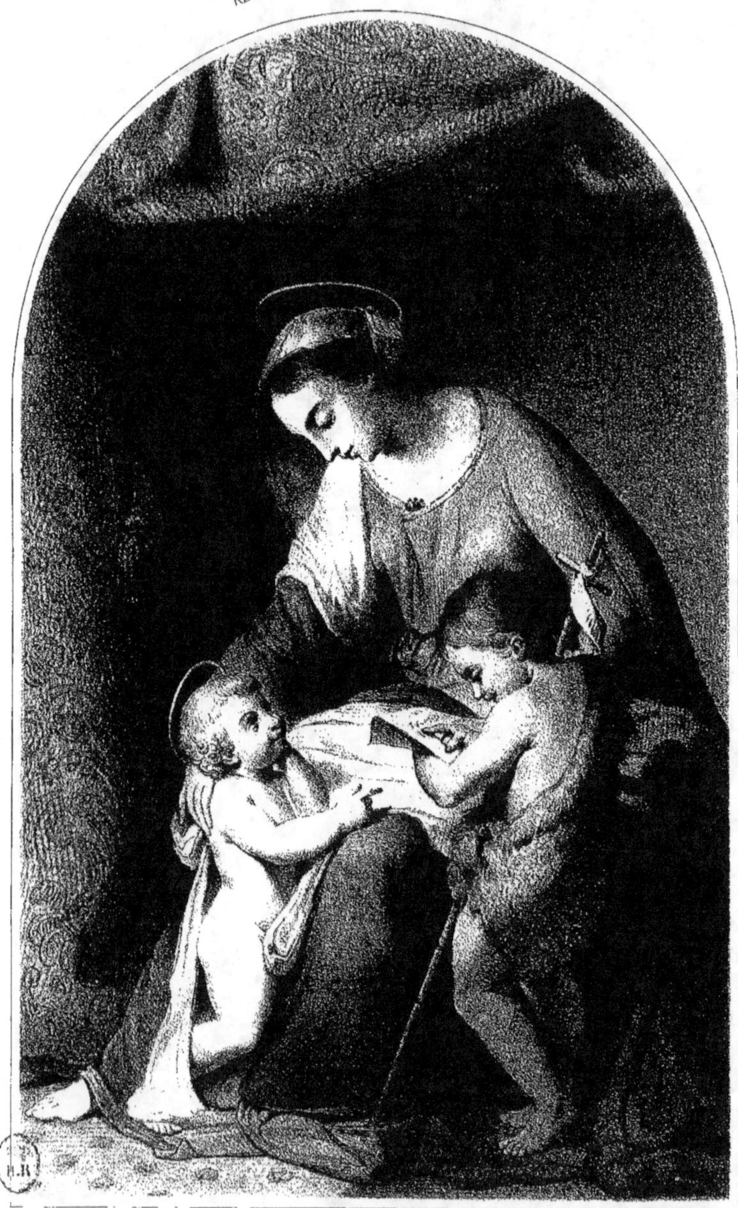

Peint par L. V. Fouquet. Lith. Rigo Frères et Cie Lith. par Weber

UNE VIERGE.

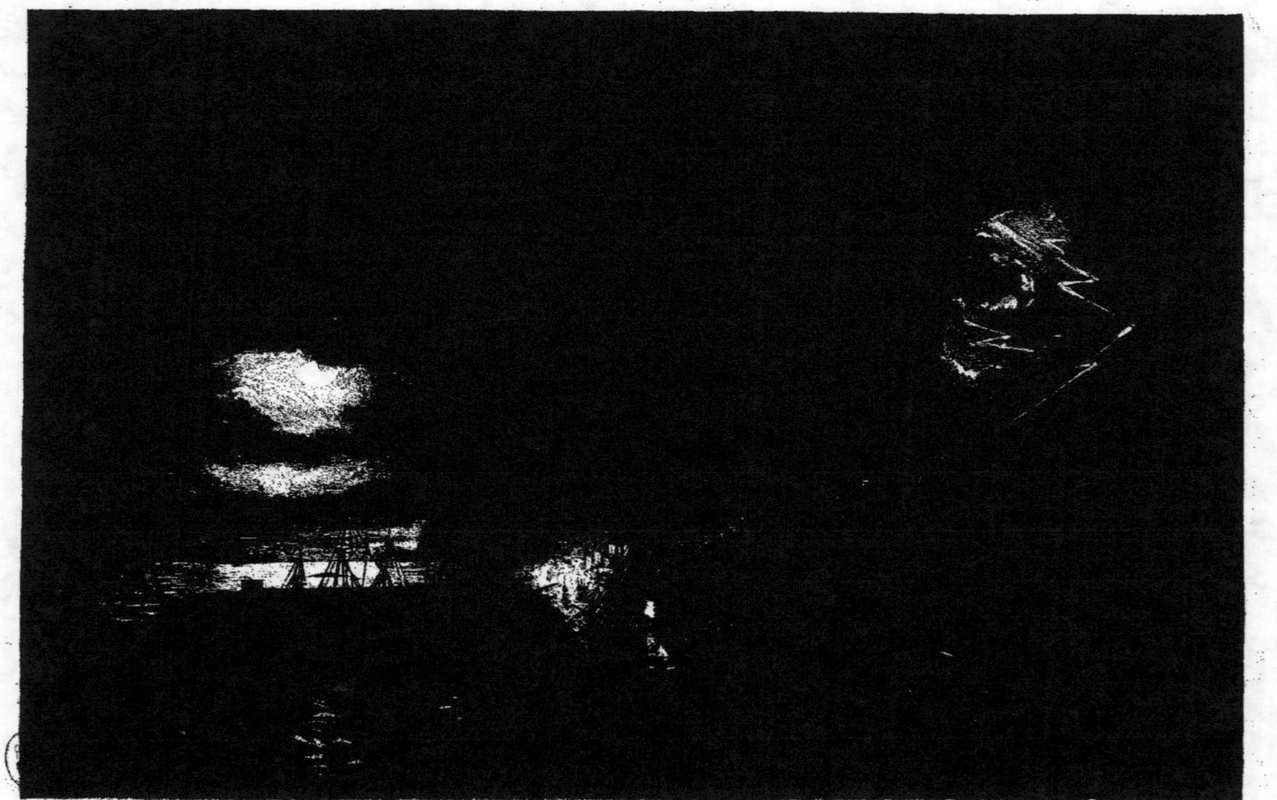

Gudin pinxit. H. Berthoud sc.

PRISE DE RIO JANEIRO.

20 Septembre 1711.

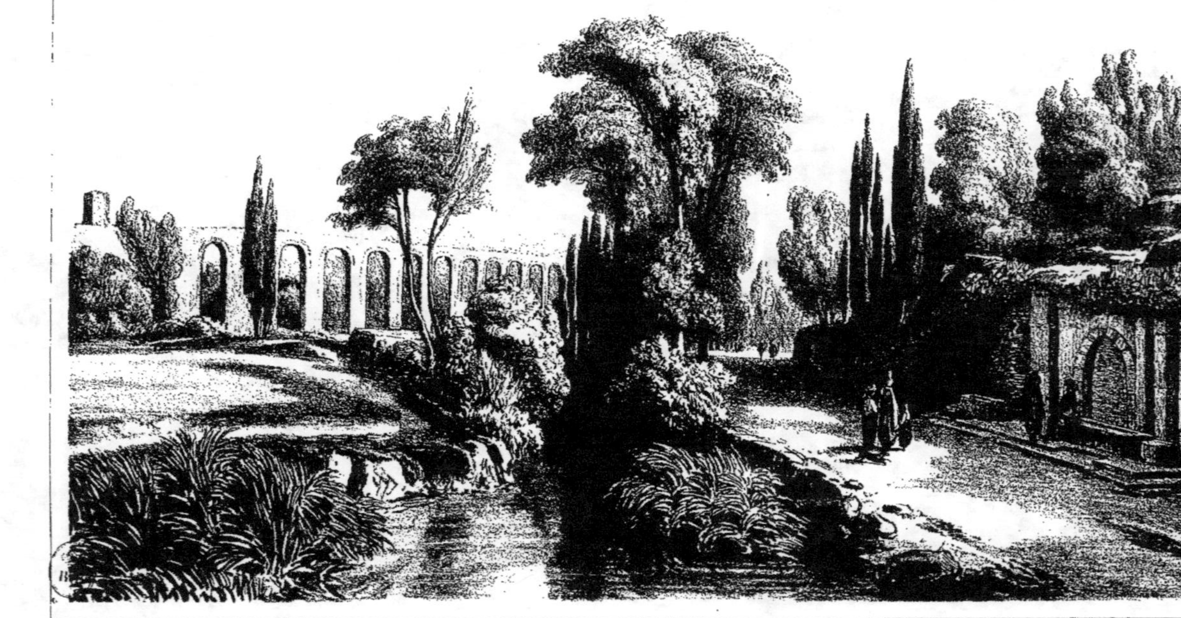

Peint par Bouquet. Lith. Coulon et Cie. Lith. par Girard.

AQUEDUC ROMAIN,

aux environs de Smyrne.

REVUE POÉTIQUE DU SALON DE 1841

LE RELANCÉ

Peint par G. JADIN Lith. Formentin & Cie Lith. par CICÉRI

LE RELANCÉ DU SANGLIER.

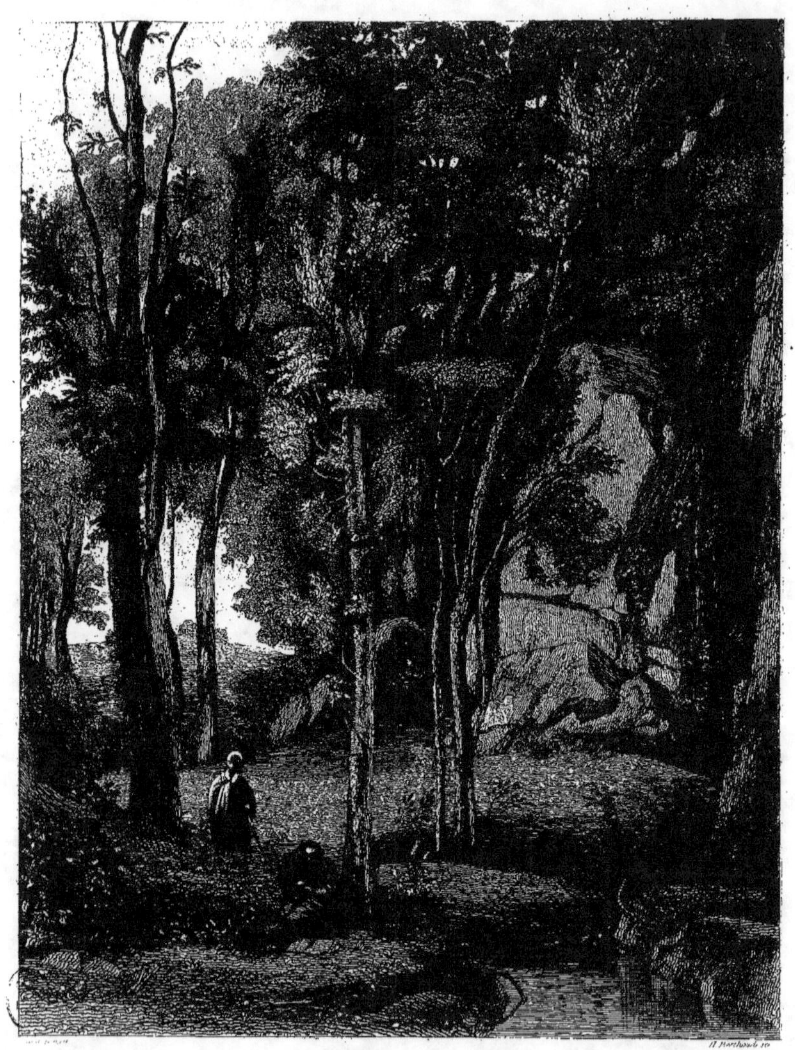

H. Berthoud sc.

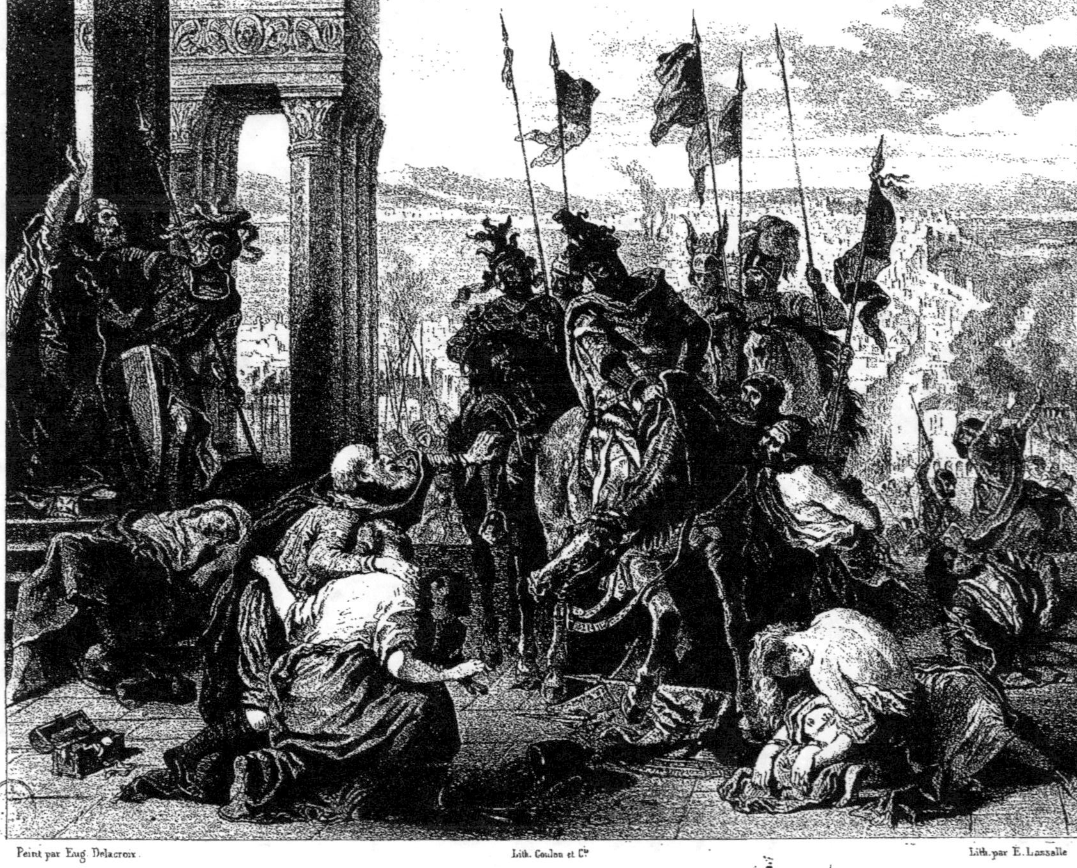

Peint par Eug. Delacroix. Lith. Coulon et Cie Lith. par E. Lassalle

PRISE DE CONSTANTINOPLE (en 1204)

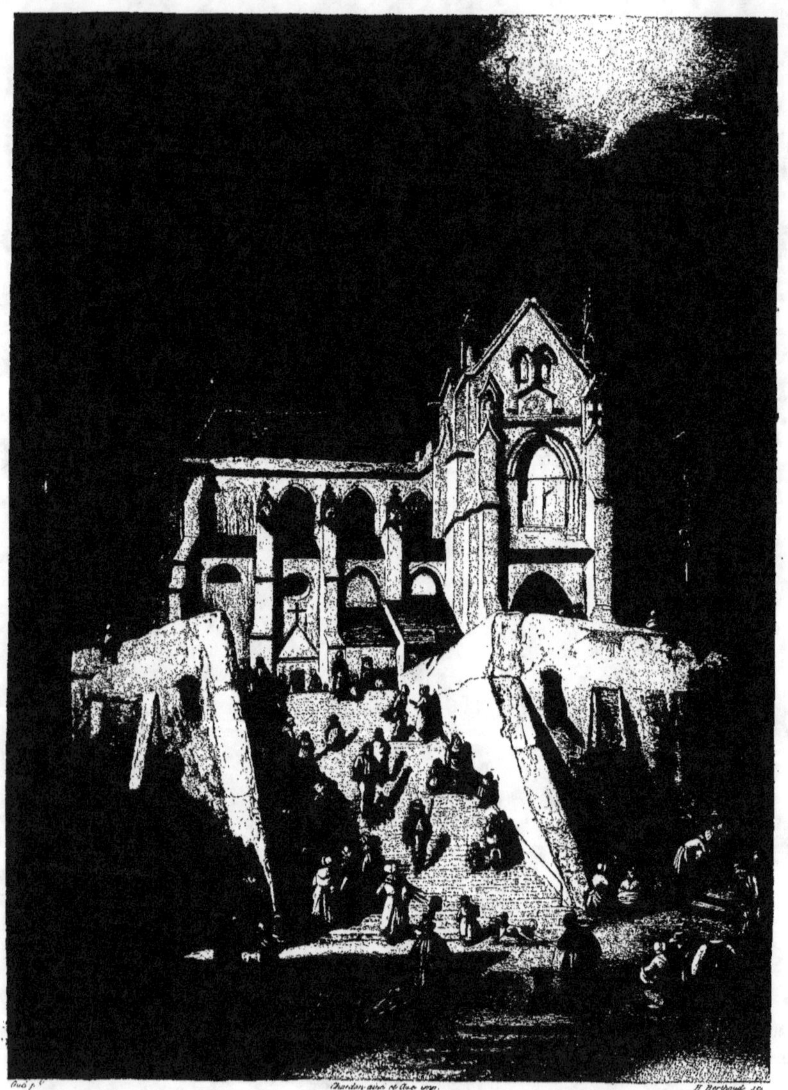

Gué p.ᵗ — Chardon aîné et Aze imp. — H. Berthaud sc.

LA SORTIE DE LA MESSE.

Église de [illegible]

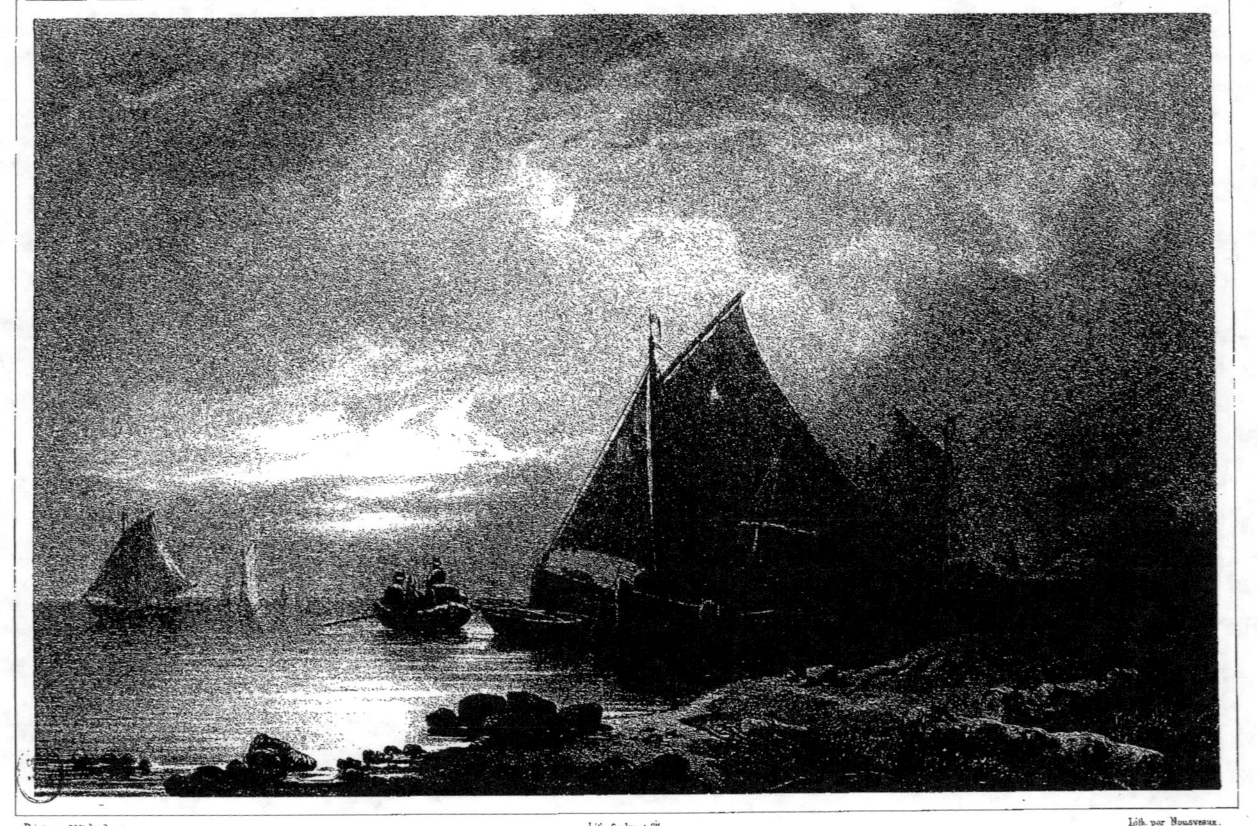

Peint par Wickenberg — Lith. Coulon et Cie — Lith. par Nousveaux.

CLAIR DE LUNE.

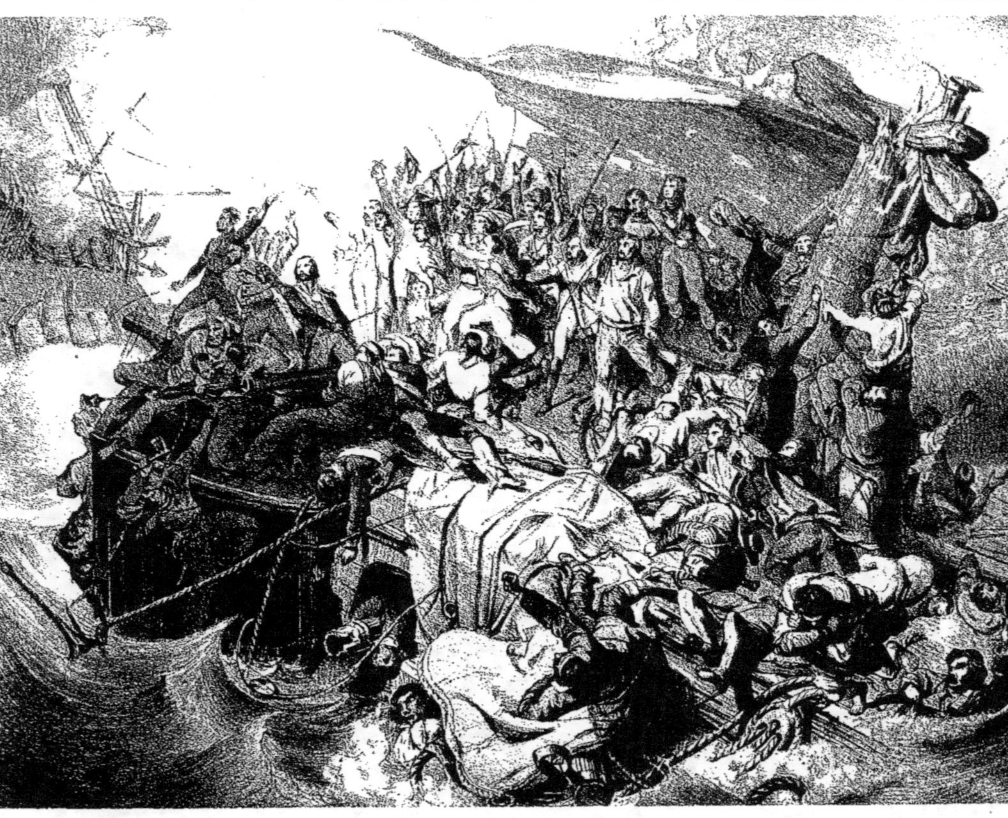

Peint par F. Leullier — Lith. Coulon et C[ie] — Lith. par Dupressoir.

LE VENGEUR.

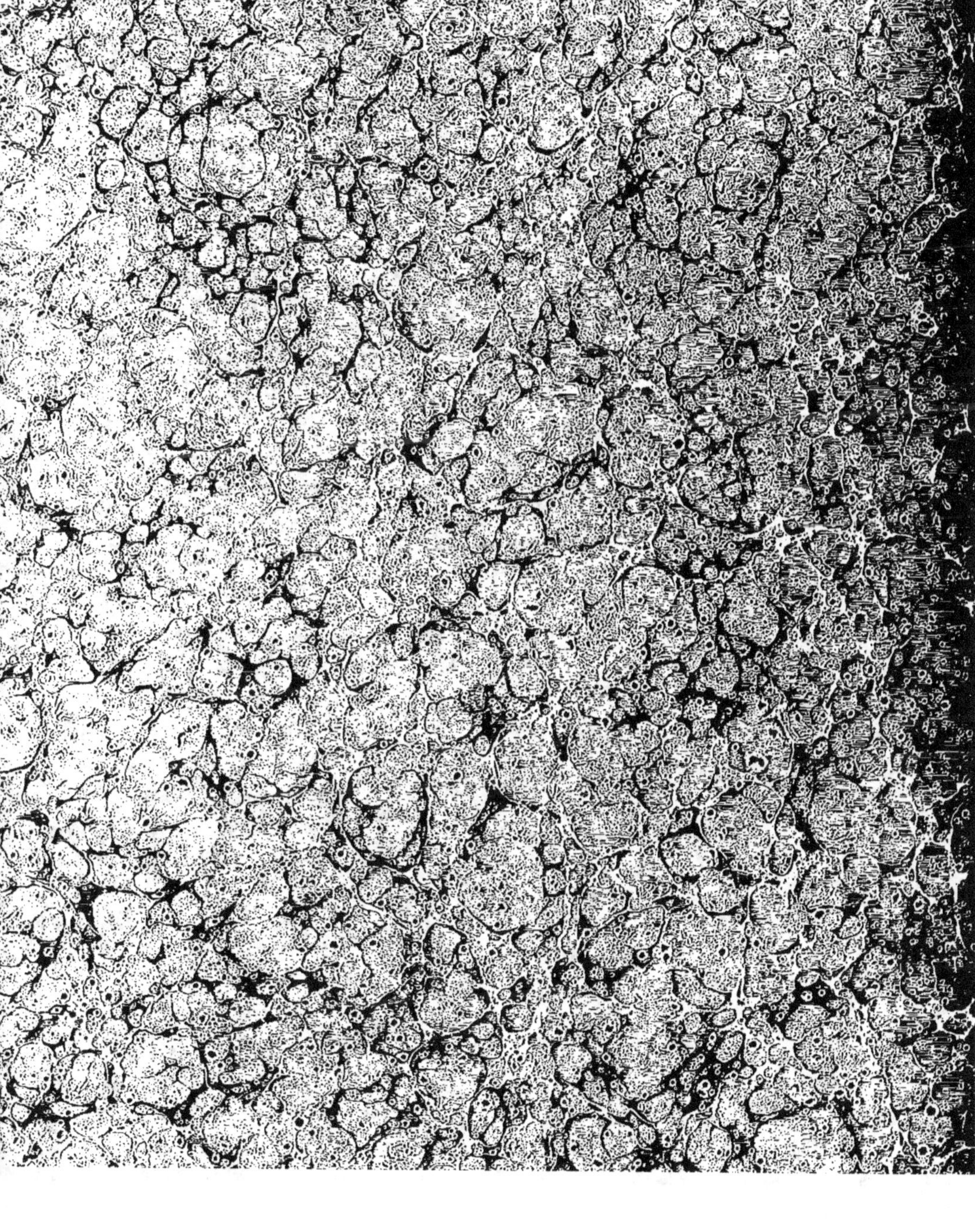

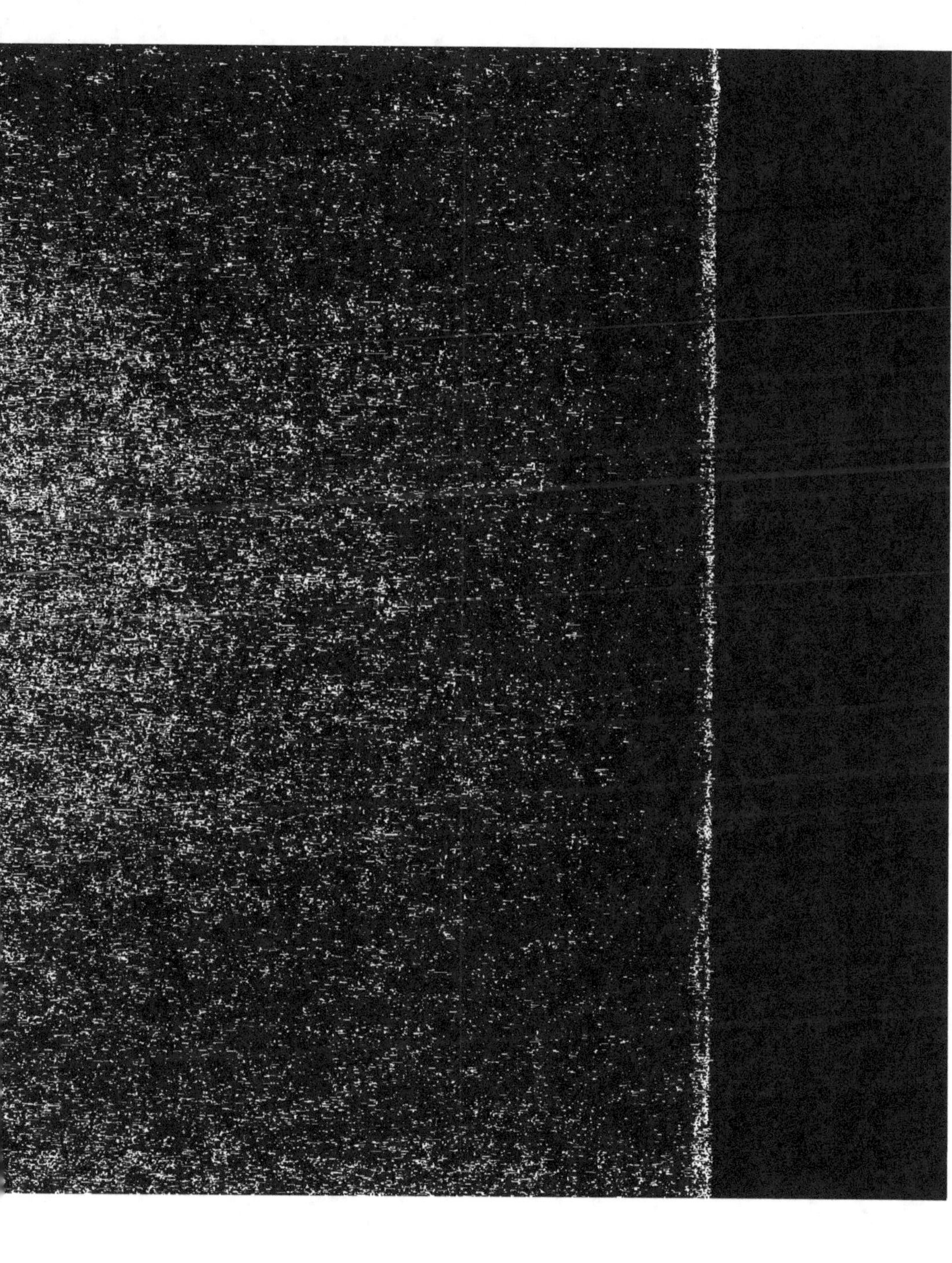

www.ingramcontent.com/pod-product-compliance
Lightning Source LLC
Chambersburg PA
CBHW071539220526
45469CB00003B/843

* 9 7 8 2 0 1 2 7 4 4 9 7 4 *